Peter Beck

Treffpunkt Wassergarten

Tiere anlocken, beobachten und bestimmen

Kosmos

Schmetterlinge (auch Zitronenfalter) sind auf reichen Blütenflor angewiesen.

Die Urzeit läßt grüßen – Kammolche sehen wie Minidrachen aus.

Inhalt

Königin der Wasserpflanzen – die Seerose

4

Ein Wassergarten voller Leben

Großer Lohn ist dem beschieden, der im Pakt mit Mutter Natur seinen Garten zur Arche Noah werden läßt. Wer ein Stück Gartengrün zum Wassergarten umgestaltet und ohne Ordnungszwänge natürliches Werden gestattet, der kann in kürzester Zeit pralles Leben in seinem neu geschaffenen Wohnzimmer am Teich beobachten, hautnah fühlen und genießen.

Feuchtbiotope sind besonders gefährdet.

NATÜRLICHE LEBENSRÄUME SIND GEFÄHRDET

Kaum ein Tag vergeht, an dem nicht über weltweite Naturzerstörungen berichtet wird. Durch die stetig zunehmende Verstädterung verschwindet unwiderruflich immer mehr intakte Natur unter Bergen von Asphalt und Beton. Die sehr sensibel reagierenden Feuchtbiotope mit ihren wasserabhängigen Lebensgemeinschaften sind von

So manche ländliche Idylle täuscht. Auch Laubfroschbiotope werden immer seltener.

dieser Entwicklung besonders stark betroffen. Selbst auf dem Lande trügt so manche Idylle. Fast unbemerkt werden in Stadt und Land Feuchtbiotope belastet und unwiderruflich geschädigt oder gar verfüllt. Um so wichtiger werden die Biotope aus Menschenhand in unseren Gärten. Man beden-

Ein Wasserfall spendet Erquickung und Kühle.

ke, daß die Fläche aller Gärten in Deutschland mit ca. 2,5 Prozent unseres Landes immer noch viel größer ist als alle ausgewiesenen Naturschutzgebiete.
So wird uns der Wert dieser grünen Lungen mit ihren vielschichtigen Minibiotopen inmitten einer geschundenen Natur erst richtig bewußt. Die nachgewiesene „Landflucht“ vieler Wildtiere in grüne Stadtrandgebiete unterstreicht dies sehr deutlich.

UMWELT- UND NATURSCHUTZ

Fest steht, daß z. B. ein Wassergarten nicht nur ein Kontrapunkt zur ökologisch verarmten Kulturlandschaft ist. Viele der auf den „Roten Listen“ aufgeführten Tier- und Pflanzenarten, die vom Aussterben bedroht sind, sind auf den Lebensraum im und am Wasser spezialisiert. Ohne Wasser sind sie rettungslos verloren. Deshalb ist es ebenso sinn- wie wertvoll, Wassergärten zu schaffen.
Besonders wichtig ist so eine Anlage nicht nur als Ersatzlebensraum, sondern auch zur Verbesserung der Luft und für ein gesünderes Kleinklima vor Tür und Fenster, das auch unserer Gesundheit zugute kommt.
So ein Wassergarten wird schnell zu einer Arche Noah. Allein 700 Käfer-, über 260 Bienen-, Wespen- und Hummel-, 60 Spinnen-, 29 Tagfalter-, 24 Libellenarten und mehr als 30 Vogelarten können sich einstellen; von den unzähligen Wassertieren gar nicht zu reden. Wie viele Amphibienarten (19 Arten haben sich in Gartenteichen nachweislich schon vermehrt) sich einfinden, hängt sehr von der Umgebung, in der der Wassergarten liegt, und von der Gartengestaltung ab.

Manche werden sich vermehren, andere eher seltener ansiedeln.
Viele Tiere kommen von ganz alleine, sozusagen als Naturgeschenk. Auf Naturentnahmen verzichtet man aus naturschützerischen und ökologischen Gründen. Ein Wassergarten kann aber auch zum Hort gefährdeter Wasserpflanzen werden. Auf Wildpflanzen kann man hier jederzeit verzichten, denn der Gartenteichboom hat es möglich gemacht, daß die geeigneten einheimischen Sumpf- und Wasserpflanzen in großen Mengen

In alten Bäumen brüten Spechte und andere Vögel.

von Spezialgärtnereien nachgezüchtet werden und im Fachhandel erhältlich sind.
Hat man erst einmal angefangen, sich mit all diesen Aspekten der sicher etwas ungewöhnlichen Gartennutzung auseinanderzusetzen, so bleibt es nicht aus, den

An lehmigen Ufern finden Mehlschwalben Baumaterial.

aufkeimenden Wunsch nach mehr Leben im Garten in die Tat umzusetzen.

EIN PARADIES FÜR KINDER

Ein Wassergarten kann durchaus tier- und kindergerecht zugleich gestaltet werden. Wichtig ist dabei, daß das Kind und seine Freunde schwimmen können, oder

***Rudbeckia-purpurea*-Blüten locken das Tagpfauenauge.**

man muß das Gewässer kindersicher machen. Forscher haben festgestellt, daß gerade Kinderaugen viel lebendiges Grün zur Entwicklung des Farbsehens brauchen. Grüne Reize vor der Tür - verbunden mit spannenden und interessanten Beobachtungen - prägen ihre Entwicklung und das ganze Leben entscheidend; vom schulischen Nutzen ganz zu schweigen. Ein Wassergarten lädt Kinder und Erwachsene zum Beobachten, Riechen, „Begreifen“, Hören und Sehen ein, und nicht nur für Kinder gilt: Was man kennt, das schützt man gern.

LEBENSRÄUME SCHAFFEN

In jedem Wassergarten steckt ein großes Potential an Hoffnung. Jegliches Leben stellt besondere Ansprüche an seinen Lebensraum. Je besser wir uns deshalb über die Lebensbedingungen unserer „Einheimischen“ informieren - dieses Büchlein kann leider nur einen kleinen Teil davon vorstellen -, um so besser können wir ihre Lebensräume nachahmen und den Garten tiergerechter gestalten; das heißt: möglichst un-

Lehm braucht auch der Maurermeister Kleiber.

terschiedlich strukturiert, mit trockenen und feuchten, sonnigen und schattigen Arealen, mit vielerlei Materialien und einer reichen Flora. Dies ermöglicht eine große Artenvielfalt. Hinzu kommt, daß Tiere sich wenig um Ästhetik scheren und „Ersatz“ annehmen, wo es ihnen zusagt. Ein gutes Beispiel sind Meisen, die in Ermangelung geeigneter Höhlen sogar in einem

Herzlich willkommen!

Briefkasten brüten, oder Wildbienen, die in einem Rolladenkasten ihre Brutkammern anlegen. Diese Anpassungsfähigkeit ist eine große Chance für jeden Gartenbesitzer, mehr als andere aus seinem Stück Land zu machen. Denn Zweckmäßiges kann auch zieren.

VORTEILHAFTE VERNETZUNGEN

Je mehr Gärten mit Kleingewässern (Teiche, Bäche etc.) entstehen und je enger diese beieinanderliegen, desto eher können sich Tierpopulationen untereinander austauschen und somit das Überleben der Arten langfristig sichern. Dies betrifft besonders die wanderlustigen Arten wie z. B. viele Amphibien (oder Vögel, die oft große Reviere brauchen), die auch außerhalb der

Teichfroschkonzert in Dur

Tierisch tolle Lebensräume bietet die alte Kopfweide.

Laichzeit relativ weit umherstreifen. Total isolierte Tier- und Pflanzenbestände sind nicht stabil und weniger lebensfähig.

QUELL DES LEBENS

Wasser, in welcher Form auch immer, lockt Tiere und Menschen geradezu magisch an. Im und am Wasser bauen sich reiche Lebensgemeinschaften mit einer großen Artenvielfalt auf. Deshalb lohnt es sich immer, einen Teich und Bach anzulegen oder die vielen Möglichkeiten, die im gut sortierten Gartenfachhandel angeboten werden, als Ersatzlebensräume für viele Tiere und Pflanzen zu nutzen: in Form von Becken aller Art mit Sprudel- oder Quellstein, Klärbecken, Regenwasserrückhaltebehälter etc.
Ein solches Gewässer bietet nicht nur den Lebensraum an sich, sondern dient als Rückzugsgebiet, wichtige Nahrungsquelle, bietet Schutz vor Feinden und einen Platz zur Fortpflanzung und Überwinterung. Außerdem können alle Tiere dort trinken und baden. Erst die erquickende Kühle und Feuchtigkeit, die ein Kleingewässer abgibt, läßt viele

Wunden, die der Mensch der Natur schlägt, und Müll!

TIP: Regenwasser kann man für unsere Zwecke nutzen: auffangen, filtern, aufbereiten und damit gießen und unser Kleingewässer speisen.

unserer pflanzlichen Gartenschätze so richtig gedeihen. Für uns ist das Gewässer ein Platz, an dem es sich herrlich verweilen und entspannen läßt, an dem sich der Himmel im Wasser spiegelt, und wo sich ein Ansitz zum Beobachten der ganz besonderen Art bietet, um die Natur pur zu erleben.

PFLANZENSCHÄTZE

Nicht nur Tiere finden im und am Wasser ein ideales Zuhause, sondern auch eine artenreiche Flora soll vom Frühjahr bis weit in den Herbst hinein Leben, Harmonie und Schönheit in unseren Wassergarten bringen. Die reichhaltigen Pflanzensortimente des Gartenfachhandels lassen keinen Wunsch unerfüllt. Man kann wirklich aus dem Vollen schöpfen und sich floristische Highlights im und am Wasser, edle Gehölze und ein Feuerwerk bunter Blüten leisten. Wie auf einer Bühne, vom Betrachter aus nach hinten hin ansteigend, darf man hier seinem Geschmack und der eigenen Kreativität freien Lauf lassen. Für die optimale Pflanzenauswahl, bei der man natürlich die Bedürfnisse der Tiere bedenkt, empfiehlt es sich, einen Pflanzplan zu erstellen. Fachberater und -bücher sind dabei eine wertvolle Hilfe.

Praxisnaher Unterricht macht am Schulteich Spaß.

Doppelter Nutzen: Gartenteich mit Filterbecken

Ein Tischleindeckdich für Tiere vor dem Fenster

Prächtig und nützlich zugleich sind Marienkäfer.

Sie fühlen sich ungestört: Azurjungfern-Paar

Gewässer tiergerecht anlegen

So entsteht ein toller Wassergarten

Lebensräume aus Menschenhand sind mehr als nur ein Kompromiß für die Natur, wenn man sie gut und vor allem auf Dauer anlegt.

Achtet man schon beim Anlegen darauf, mögliche Fehler zu vermeiden, wird es nie einen Grund geben, ein Gewässer wieder verfüllen zu müssen.

Ganz gleich, ob man eine Neuanlage oder eine Erweiterung plant, man muß den Tieren zuliebe das Bestehende in die Planung mit einbeziehen.

EINE WAHRE AUGENWEIDE

Gut ist es, wenn die Übergänge von alten zu neuen Anlagen fließend sind und sich nahtlos und harmonisch zum gelungenen Ganzen fügen.
Vor allem kann **bewegtes Wasser** – z. B. ein murmelndes Bächlein, ein leise plätschernder Wasserfall oder eine munter sprudelnde Quelle (Quellstein) – eine Teichanlage beseelen, sie vollendet wirken lassen und sowohl den ökologischen Aspekt sowie den optischen Gesamteindruck für Mensch und Tier enorm aufwerten; insbesondere, wenn unser Wassergarten möglichst naturnah gestaltet und abwechslungsreich strukturiert angelegt wird.
Wir planen **unterschiedlich tiefe Wasserzonen** (Tief-, Flachwasser- und Sumpfzone) und, wenn möglich, mehrere **naturnah gestaltete Buchten** oder eine romantisch wirkende **Insel** ein. Die **Ufer** sollen natürlich wirken, geschwungen sein und unterschiedliches Niveau aufweisen, um möglichst viele Pflanzen aufnehmen zu können.
Mindestens ein Ufer läuft ganz flach aus und läßt den Blick auf das Gewässer zu.
Weitere Gestaltungselemente wie urige Findlinge, gefällige Kieselsteine oder bizarre Wurzeln und Schwemmholzstücke haben funktionellen Doppelnutzen. Zum einen zieren sie und bringen optische Reize an unser Gewässer, zum anderen sind sie ein wertvoller Lebensraum für unsere tierischen Gartenbewohner.
Ufer werden ebenfalls zu wertvollen Refugien, wenn wir sie abwechslungsreich gestalten: z. B. als Schotter-

Im Mittelpunkt für Mensch und Tier: der Gartenteich

oder Sandbeet mit Filterfunktion oder gar als romantisches Minimoor oder Torfbeet, an das, dazu passend, eine Heidefläche mit allem Drum und Dran anschließen könnte. Das Ergebnis ist eine Augenweide für jung und alt.

Bedenken Sie Licht, Schatten und sichere Wege.

Wichtig ist eine gut bepflanzte Teichanschlußzone.

DEN STANDORT BESTIMMEN

Es kann von Vorteil sein, wenn man nicht spontan baut, sondern sich Zeit für die Planung läßt, um z. B. am vorgesehenen Platz den **Sonnenlauf** zu beobachten (evtl. schon im Winter) oder darauf zu achten, woher der **Wind** hauptsächlich weht, bzw. wie zugig der vorgesehene Platz ist, um schon bei der Anlage für den nötigen Sonnen- oder Windschutz zu sorgen. Wichtig ist auch, daß sich der **Boden** gut bearbeiten läßt und keine „Altlasten" vom Bau unter der Oberfläche ruhen. Um die Bau-, Wartungs- und Pflegearbeiten reibungslos durchführen zu können, empfiehlt es sich, nach Abschluß der Planung (die auch einen vorgesehenen Sitzplatz enthält) die **Wege** anzulegen. Hervorragend ist auch ein Platz, der bequem vom Fenster oder der Terrasse aus eingesehen werden kann. Auch an ungemütlichen Tagen sollte man vom behaglichen Sessel aus alles beobachten können. Der **ideale Standort** ist gut begehbar, liegt etwas geschützt, ist gut einsehbar und liegt vom April bis zum September vier bis sechs Stunden in der Sonne. Manche Landschaften und Standorte zwingen uns allerdings zu einer individuellen Gartengestaltung, die sich nach den örtlichen und klimatischen Gegebenheiten richtet. Dies gilt besonders für Anpflanzungen. Ein Bodentest ist dabei immer wichtig.

FEHLER BEIM BAU VERMEIDEN

- ► Langfristig planen.
- ► Baumkronenabstand vom Ufer mindestens 3–4 m.
- ► Idealen Platz mit 4–5 Stunden Sonne auf dem Teich wählen.
- ► Gewässer so groß wie möglich bauen.
- ► Teichtiefe über 80 cm.
- ► 1–2 flache Ufer einplanen.
- ► Bestes Dichtmaterial (Markenware) wählen: Mindestens 15 Jahre Garantie, TÜV- und GS-Zeichen, umweltfreundlich (giftfrei), kein Regeneratmaterial (Folien oder Fertigteiche), keine Weichmacherverluste, UV-stabil, temperaturbeständig, druck- und wurzelfest, am besten dubliert und recyclingfähig.
- ► Unstrukturierte Teichzonen, d. h. Steilwände und -ufer, vermeiden.
- ► Unter dem Dichtmaterial ganzflächig Schutzvlies auslegen.
- ► Bei allen Ufern auf gute Kapillarsperre achten.
- ► Folien- oder Kunststoffufer müssen bedeckt sein.
- ► Bei Fertigteichen evtl. Böschungsmatten verwenden.
- ► Keinen Teichaushub oder Erde als Teichgrund nehmen.
- ► Starkwüchsige Pflanzen am besten in Kokospflanzkörbe setzen (Seerosen!).
- ► Dichte Erstbepflanzung, aber 60 Prozent der Wasseroberfläche sollen stets frei bleiben.

Auch formale Teiche brauchen natürliche Ufer.

TIP: Bewährt hat es sich, einen möglichst maßstabsgetreuen Aufriß des Wassergartens zu zeichnen.

NATURNAHE ANLAGEN

Beim Blick über Zäune fällt uns auf, daß noch viel zu viele Gärten recht uniform angelegt sind. Man sieht zwar gut gepflegte, aber ebenso eintönige wie lebensfeindliche Rasenflächen und exotisches Friedhofsgrün. Alles wirkt steril und ausgesprochen langweilig. Kein Wunder, daß man dort kaum mehr einheimische Tiere sieht. Denn solche Anlagen können Tieren niemals die Grundlage für eine ausgewogene Nahrungskette bieten. Außerdem fehlen gute Verstecke.

Dabei ist sowohl eine Neuanlage als auch die Erweiterung oder Verbesserung einer bestehenden Anlage mit dem Ziel, einen naturnahen Wassergarten zu schaffen, mehr als lohnend, zumal dies mit den modernen Dichtmaterialien wie speziellen Teichfolien und Fertigteichen sowie einem reichhaltigen Technikangebot und informativer Literatur aus dem Fachhandel für jedermann machbar ist. Solange der Boden frostfrei ist, kann man bauen. Der **Aushub** wird zum Strukturieren flacher Areale oder dem Bau von Wällen, Hügeln, alpinen Anlagen, Trokkenmauern etc., die dem Wassergarten erst den richtigen Schwung und Pfiff geben, verwendet und zweckmäßigerweise gleich an den zukünftigen Ort gebracht. Das spart Zeit und Mühe. Die **Tiefenzone** wird mindestens 80 cm tief ausgehoben, die **Flachwasserzone** 20–30 cm, die **Röhricht-** oder **Sumpfzone** 10 cm.

TIP Den Untergrund und die Seiten sorgfältig glätten, verdichten (stampfen) und mit der Wasserwaage ins Lot bringen.

Baufehler wie Steilufer lassen sich korrigieren.

Fließendes Wasser belebt jeden Teich.

Einen Bereich des Ufers kann man dabei auch als **natürlichen Überlauf** zur Anlage einer Feuchtwiese nutzen. Unter das Erdreich wird schüsselförmig in ca. 40 cm Tiefe ein Folienrest verlegt, der das überlaufende Wasser dort nutzbringend für entsprechende Pflanzen zurückhält.

Ansonsten ist auf eine gute **Kapillarsperre** beim Teich-, Wasserfall- oder Bachbau zu achten, um Wasserverluste zu vermeiden.

Der **Folienbedarf** wird am einfachsten ermittelt, indem man die fertige Grube mit einem Bindfaden der Länge und Breite nach von Uferkante zu Uferkante mißt

TIP: Unter Findlinge oder schwere Wurzeln wird eine 1 cm dicke Styroporplatte gelegt, um die Folie zu schonen.

und zur Länge und Breite 30 - 50 cm für die Ufergestaltung dazurechnet. Oder man berechnet vor dem Bau: Länge + doppelte Tiefe + einen Meter für die Ufergestaltung mal Breite + doppelte Tiefe + einen Meter.

GESUNDES WASSER

Bei der **Erstfüllung** wird man kaum umhinkönnen, Leitungswasser zu verwenden. Besonders bei großer Hitze verdunstet viel Wasser, das man stets nachfüllen muß. Hierfür ist es aus ökologischen und ökonomischen Gründen am günstigsten, wenn man das bei uns reichlich fließende Regenwasser nutzt, indem man es

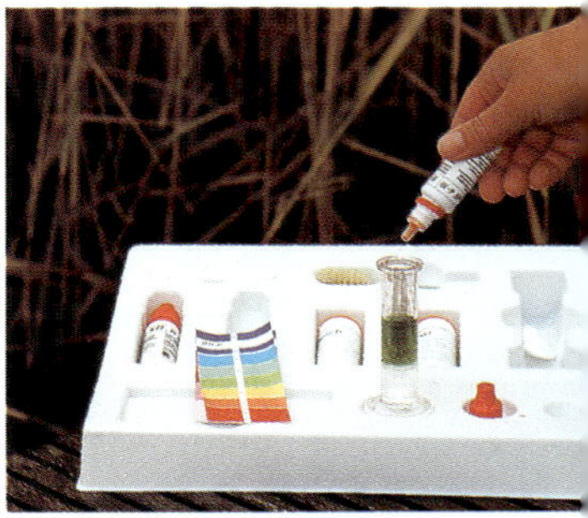

Wasser testen ist wichtig, lehrreich und einfach.

Überhandnehmende Wasserlinsen und dicke Algenpolster sollte man regelmäßig abfischen!

in Fässern oder einer Zisterne sammelt oder direkt von der Regenrinne abzweigt und pur oder besser mit wenig Leitungswasser vermischt, so langsam wie möglich über eine Gießkannentülle zulaufen läßt. Vorher sollte es aber gefiltert und gesäubert werden, indem man es über ein Gefäß mit Aktivkohle (gibt es im Zoofachhandel) oder über ein Klärbecken (mit Aktivkohle und Kiesel bestückt) leitet.

Wasser ist das wohl beste Lösungsmittel überhaupt, es wird von den Stoffen geprägt, die es enthält, und reagiert auf Veränderungen in seiner Zusammensetzung. Diese Vorgänge sind nicht direkt sichtbar. Ein abgeschotteter Folien- oder Fertigteich verhält sich wie ein Aquarium: Es finden Prozesse statt, die das Wasser verändern und das Wohlergehen der darin lebenden Organismen beeinflussen. Deshalb sollte man sein Teichwasser zur Sicherheit regelmäßig testen, da es sich in seiner chemischen Zusammensetzung ständig verändert, sei es durch Ausdünnung (z. B. mittels Regenwasser, das einem Destillat ähnelt und keinerlei Mineralien enthält) oder Eiweiß- bzw. Nährstoffeinträge (Rasendünger, Nitrat, Phosphat etc.) oder die natürlichen Stoffwechsel- und Abbauprodukte der

REGELMÄSSIGE TEICHPFLEGE

- ► Verlandungen vermeiden.
- ► Regelmäßig kleine Mengen Mulm (faules Holz) und Abgestorbenes entfernen und zunächst am Teichrand einen Tag liegenlassen.
- ► Eine zu dichte Schwimmpflanzendecke ausdünnen. 60 Prozent der Oberfläche freihalten.
- ► Algenteppiche abfischen; gibt einen guten Rhododendrondünger!
- ► Im Herbst rechtzeitig Laubschutznetz anbringen.
- ► Vergilbtes abschneiden.
- ► Röhricht stehenlassen, erst im Frühjahr kürzen.
- ► Eisfreihalter installieren.
- ► Wasser testen.

Netze für jeden Zweck und jede Teichgröße

Lebewesen (auch die der Pflanzen) im Teich.
Die **Wasserwerte** sind mit sog. Wassertests meßbar. Folgende Werte sind anzustreben: Nitrat (NO_3) maximal 80 mg/l, Phosphat (PO_4) höchstens 5 mg/l, pH-Wert 6,5 - 7,5, GH (Gesamthärte) über 2 °dH und die KH (Säurebindungskapazität) über 4 °dH.

Reicher Blütenflor gibt Deckung und Nahrung.

Der Blutweiderich lockt Insekten und ist schön.

Der Sauerstoffgehalt sollte zwischen 6,5 und 8 mg/l liegen.
Besonders wichtig ist die Wasseranalyse im Herbst, damit alle Lebewesen im Teich gesund überwintern können.
Im Sommer sollte die **Wassertemperatur** im Teich nicht über 30 °C ansteigen, weil sonst der Sauerstoffgehalt zu knapp wird. Entweder abschattieren oder langsam kaltes Wasser zulaufen lassen!

ÜPPIGES LEBEN

Eine gut gestaltete **Teichanschlußzone** gehört aus ökologischer Sicht zu den wertvollsten Flächen eines Gartens. Dies ist der Bereich, der an die Ufer anschließt. Dort ist es natürlich etwas kühler und feuchter, was vielen Tieren und Pflanzen ausgesprochen gut bekommt. Von hier aus kann der Wassergarten zum Landschaftsgarten werden, in dem alles getan wird, um möglichst vielen Tieren eine neue Heimat zu bieten: mit vielen prächtigen **Blumenrabatten**, einer **Heidefläche**, einem **Alpinum**, einer **Trokkenmauer**, einer **Kies-Sand-Steppe**, einem **Trockenrasen** oder gar einer **Farnschlucht** mit vielen **Steinen** (Lesesteinhaufen) und bizarren **Wurzeln** - und das Ganze wird von einer artenreichen **Naturhecke** abgeschlossen. Die unterschiedlichen Lebensräume locken viele Tiere in den Garten. Natürlich wird die Anlage auf die Gartenfläche abgestimmt, um optische Dissonanzen zu vermeiden. Die Bereiche brauchen nicht extra groß zu sein. So kann an das Ufer eine dichte, nicht zu hohe Vegetationszone mit einem reichen Blütenflor als Insektenweide anschließen.

Man sollte die Pflanzen so auswählen, daß während der gesamten Vegetationszeit viel Deckung und Nahrung für allerlei Tiere geboten wird. Ein Sitzplatz am Teich könnte von einem Sortiment von Duftpflanzen umgeben sein, die für unsere Sinne einen besonderen Reiz bieten. So läßt sich in Ruhe manche Mußestunde im Garten erst richtig genießen.

ANDERS ALS ANDERE

Weil man Gutes immer noch etwas verbessern kann und Gartenbesitzer kreativ und aktiv sind, entstehen ungewöhnlich attraktive Wassergärten. So werden, je nach Platz, mehrere unterschiedliche Gewässer angelegt: z. B. ein reiner Fischteich neben einem Naturteich, oder, an einen Teich anschließend, ein Becken, das als Klärteich dient, mit Kieselsteinen und klärenden Pflanzen (die oft zu mächtig wachsen) wie Schilf, Rohrkolben oder Simsen. In ein Heidebeet paßt noch ein Moorteich. An einer dauerhaft schattigen Stelle kann ein kühler Teich mit kleinem Wasserfall Molche locken. Oder ein Bachlauf mit Auffangbecken und einer dekorativen Brücke verbindet Bestehendes mit Neuem, eröffnet interessante Blickwinkel und lädt Romantiker zur spannenden Gartensafari ein.

Wer das Schöne mit dem Nützlichen verbinden will, der sollte einen selten genutzten Platz mit einer Pflanzenspirale und einem Wasserteil aufwerten. Auch Regenwasserreservoire lassen sich vielfältig nutzen. Sie gewinnen in der Zukunft im wahrsten Sinne des Wortes noch mehr an Wert.

Besser als der grünste Rasen: eine farbenfrohe Blumenrabatte

Aushub als Steilufer für Uferschwalben

PFLANZEN UND ANDERE ANSIEDLUNGSHILFEN

Großer Nutzen im kleinen Garten: eine Pflanzspirale

Erst ein grüner Rahmen verleiht unserem Bild den letzten Schliff. Im Teich bleibt die **Tiefenzone** substratfrei. In Kokospflanzkörben finden Seerosen und andere Schwimmblattpflanzen Nahrung und Halt. Quellmoos und Wasserstern etc. klemmt man zwischen mehrere größere Steine. Flutend können das Hornkraut, der Wasserschlauch oder die Krebsschere wasserklärend wirken. **Flachwasser- und Uferpflanzen** setzt man ihren Bedürfnissen entsprechend. Man wählt möglichst viel Blühendes und plaziert die Pflanzen so, daß sie dekorativ wirken und sich harmonisch in das Gesamtbild einfügen. **Stark wuchernde Pflanzen** werden in Körben gepflegt, die man jederzeit auslichten und umgruppieren kann. Als Substrat dient Kies, der mit einem Langzeitdünger (ohne Nitrat und Phosphat, aber mit viel Eisen) angereichert ist, mit einer Körnung von 3-7 mm, um den Algenwuchs in Grenzen zu halten. Pflanzen kann man vom Frühjahr bis zum Herbst, dank moderner Containerkulturen. Stilvolle, möglichst heimische **Gehölze**, auch reichlich tragende **Obstbäume** sowie duftende, reich blühende und fruchtende **Naturhecken** sind attraktiver Blickfang, Sicht- und Windschutz und vor allem für Tiere von Nutzen. **Alte, abgestorbene Bäume** und **Totholzstapel** sowie **Laubhaufen** sind ideale Wohnungen für allerlei Getier. Dies gilt auch für dürre, **hohle Pflanzenstengel**, z. B. von Holunder, Bambus, Schilf oder Maggikraut. Man schneidet sie in ca. 30-40 cm lange Stücke, bündelt sie und steckt oder hängt sie in Bäume oder Mauernischen.

Am Wassergarten gern gesehen ist eine Bepflanzung mit *Alpinum* als Uferanschlußzone.

Stammabschnitte lassen sich, mit unterschiedlich großen Bohrlöchern versehen (3 - 5 mm), als Wildbienenheim nutzen.
Wichtig ist es vor allem, in Teichnähe für **Überwinterungsmöglichkeiten** für Frösche, Molche und Echsen zu sorgen. Man kann einen oder mehrere Schächte (60 - 100 cm tief, Durchmesser 40x40 cm) graben und auf den Grund Lochzie-

Eine tolle Idee ist das bepflanzte Futterhaus.

Nisthilfen für Insekten lassen sich leicht bauen.

gelsteine (Löcher so groß wie möglich) legen. Darüber werden über Kreuz, so daß ein Durchschlupf bleibt, Aststücke gelegt oder das Ganze mit Laub angefüllt.

Ein Schlupfloch wird frei gelassen und mit einem Deckel und Erdreich abgedeckt. In Teichnähe stapelt man alles, was sich dazu eignet, die Ruhestadien der Tiere, wie Eier, Larven und Puppen, aufzunehmen. In den Bäumen kann man Tontöpfe befestigen, die auf einem Ast anliegen und mit Holzwolle, Heu oder Stroh gefüllt sind. Ansonsten greift man zu käuflichen „**Nisthilfen**" aus Holzbeton, die es für Fledermäuse, Igel, Insekten und vor allem viele Vogelarten gibt. Die verbißfesten und langlebigen Kombihöhlen werden von den unterschiedlichsten Tieren (auch Bilchen etc.) genutzt. Nicht vergessen: Die Einfluglöcher sollen nach Südosten zeigen.
Im Herbst werden die Nistkästen gereinigt, desinfiziert und mit etwas trockenem Stroh ausgelegt, das man im zeitigen Frühjahr wieder entfernt und entsorgt.

TIP: Am Ufer und am Gerätehäuschen lassen sich geeignete Wohn- und Überwinterungshilfen für Insekten, Amphibien und Reptilien einplanen und anbringen.

Kuschelig und trocken – so wollen Igel überwintern.

Ein imposanter Jäger der Lüfte: die seltene Königslibelle *Anax imperator*

Faszinierende Tiere im und am Wasser

Herzlichen Glückwunsch allen, die ihren Garten tiergerecht gestaltet haben. Tag für Tag werden sie nun dafür belohnt. Jeden Augenblick gibt es inmitten üppiger Natur Wundersames zu hören und zu sehen. Alles strotzt jetzt voller Leben. Bekannte und seltene Tiere warten über und unter Wasser nur darauf, von ihnen entdeckt zu werden.

Moor-/Waldeidechse *Lacerta vivipara*

Ein Wassergarten wird als erstes von flugfähigen Insekten aus der Luft besiedelt. Dann folgen mehr und mehr Vögel. Die gerngesehenen Amphibien und Reptilien wandern auf dem Landweg nur langsam zu. Muscheln und bestimmte Schnecken oder Plankton kann man kaufen.

Im und am Wasser bauen sich von selbst Lebensgemeinschaften auf.

Häufig wird Lebendiges aller Art, z. B. Schneckenlaich oder gar Süßwasserschwämme, mit Pflanzen eingeschleppt. Ein „neues" Gewässer kann man mit etwas Bodengrund aus Nachbars

Teichfrosch *Rana kl. esculenta*

Zauneidechse *Lacerta agilis*

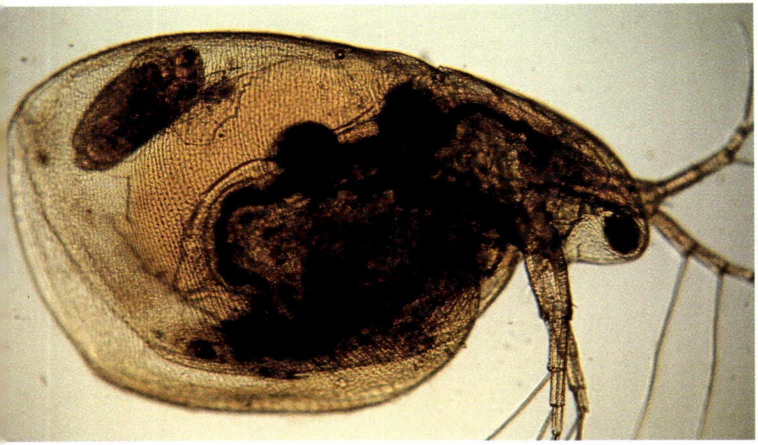

Wasserfloh *Daphnia*

Teich oder aus einem gesunden Naturgewässer animpfen. Schon bald wächst Plankton: im Wasser schwebende, ein- oder vielzellige pflanzliche oder tierische Organismen wie Räder- und Pantoffeltierchen.

WASSERTIERE

WASSERFLÖHE *Cladocera*

Diese Gattung ist recht artenreich. Wasserflöhe fallen im Sommer auf, wenn Nahrung in Hülle und Fülle vorhanden ist und sie ruckartig mit ihren „Antennen" durch das Wasser schwimmen und meist als rote oder graue Wolke zu sehen sind. Sie vermehren sich schnell, auch ohne Männchen durch Jungfernzeugung. Wenn im Herbst die Nahrung knapp wird, entstehen aus den abgelegten Eiern Männchen, die dann wieder die Weibchen befruchten. Es entwickeln sich Dauereier, die auf dem Teichgrund den Winter überdauern. Die 3-5 mm großen Tierchen filtern ihre pflanzliche und tierische Nahrung aus dem Wasser und klären es so.

Ansiedeln: Erst möglich, wenn der Teich 1-2 Monate eingelaufen ist. Sie meiden „saures" Wasser mit einem pH-Wert unter 6. Man kann sie auch im Aquariengeschäft kaufen.

HÜPFERLINGE *Copepoda*

Sie leben fast überall dort, wo auch Wasserflöhe zu finden sind. *Cyclops* werden sie wegen ihres einen Komplexauges genannt. Sie bewegen sich, indem sie mit den Fühlern steuern und mit fünf Paar Spaltfüßen hüpfen. Aus den Eiern, die das Weibchen eine Zeitlang als sichtbare Eipakete am Hinterende des Körpers trägt, schlüpfen freischwimmende Nauplius-Larven, die sich im Verlauf von zwölf Häutungen zum fertigen Hüpferling entwickeln. Als Nahrung dient feinstes Plankton (viel Kieselalgen).

Ansiedeln: Sie fühlen sich in Teichen mit vielen Unterwasserpflanzen wohl.

SÜSSWASSERPOLYPEN *Hydra sp.*

Man muß schon genau hinsehen, um sie auf Pflanzen, Steinen oder Holz zu entdecken. Mit der Fußscheibe ihres schlauchförmigen Körpers sitzen sie auf einer für sie günstigen Unterlage (Pflanzen) und warten auf bewegliche Beute. Diese wird mit den 4-20 Tentakeln, die bis 2 cm lang und mit Nesselkapseln bestückt sind, gefangen. Die Tentakel dienen auch als Abwehrwaffe und zur Fortbewegung. Je nach Futterangebot ist der Polyp mal dick oder dünn. Fühlt er sich bedroht, zieht er sich zu einem kleinen Klumpen zusammen.

Die Vermehrung erfolgt durch Ausstülpungen (Knospen) am Körper, die abgeschnürt und freigegeben werden. Auch geschlechtliche Fortpflanzung ist möglich, aber seltener. Abgetrennte Körperteile wachsen innerhalb weniger Tage wieder zu einem voll entwickelten Polypen heran.
Ansiedeln: Die bis 1 cm langen Polypen schleppt man meistens mit Pflanzen oder Mollusken ein.

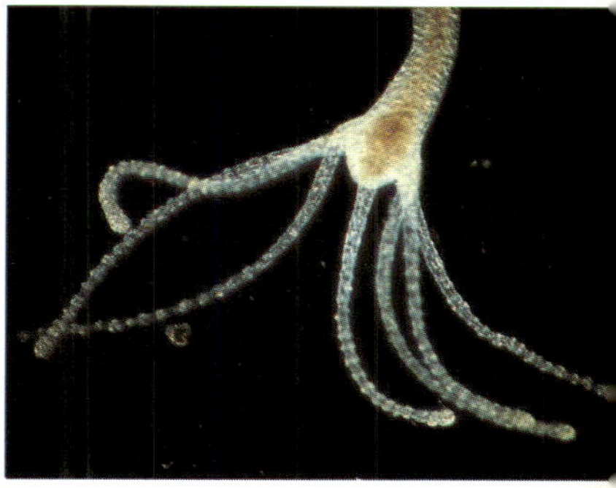

Süßwasserpolyp ***Hydra vulgaris***

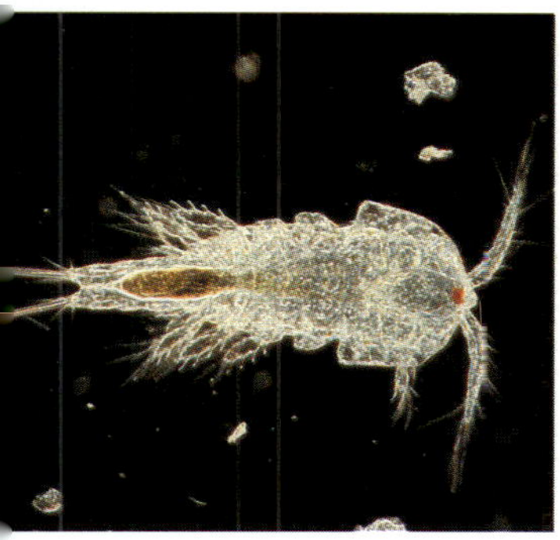

Hüpferling ***Cyclops***

STRUDELWÜRMER
Turbellaria

Irgendwann, meistens bei Reinigungsarbeiten, entdeckt man sie. Die artenreiche Gattung trägt am ganzen Körper ein dichtes Wimpernkleid. Sie können kriechen, aber auch kurze Strecken schwimmen. Ihr Leben verbringen sie überwiegend unter Steinen und allerlei abgesunkenen Pflanzenteilen. Sie bewegen sich fast wie Schnecken auf einer bemuskelten Kriechsohle. Ihr Kopfteil ist meist eckig. Diese Zwitter können ein Sekret absondern, das als Waffe, zum Einhüllen einer Beute oder als Schutzhülle vor dem Austrocknen dient. Sie ernähren sich von lebenden und toten Tieren. Außerdem können sie nach dem Abtrennen von Körperteilen alles wieder regenerieren. Bei Aquarianern sind „**Planarien**" wegen ihrer starken Vermehrung nicht sehr beliebt. Wenn sie nicht überhandnehmen, schaden sie aber kaum.
Ansiedeln: Sie werden meistens unbemerkt eingeschleppt.

EGEL
Hirudinea

Bei Pflegearbeiten werden auch sie des öfteren gesichtet. In unserem Teich handelt es sich meistens um **Schnecken-** oder **Pferdeegel**. Deutlich zu sehen sind die typischen Saugnäpfe. Gut bemuskelt, schwimmen sie oder bewegen sich, ähnlich einer Spannerraupe, recht gewandt fort. Unter allerlei Material leben sie dämmerungsaktiv und lichtscheu. Sie ernähren sich von tierischer Kost. Schneckenegel saugen an Schnecken und Insekten, Pferdeegel erbeuten kleine Wassertiere. Selbst Regenwürmer werden nicht verschmäht. In Teichen mit Fischbesatz kann der **Fischegel**, wenn er überhandnimmt, vor allem geschwächten Teichfischen schaden. Egel können lange hungern. Sie atmen über die Haut und häuten sich sehr oft.
Ansiedeln: Mit Pflanzen werden Egel am häufigsten eingeschleppt.

Pferdeegel ***Haemopis sanguisuga***

Wasserläufer *Gerris* sp. in Aktion

INSEKTEN

Allgegenwärtig, stellen sie die artenreichste Klasse unter den Gliederfüßlern dar. Sie finden und besiedeln unseren Wassergarten im Flug. Unter ihnen gibt es eine ganze Reihe Arten, die auch den Lebensraum Wasser erobert hat. Ihre Larven verwandeln sich dort zum Vollinsekt. Bei der Entwicklung häuten sich die Insekten. Als ursprünglich an das Landleben angepaßte Wesen atmen sie mit Tracheen (chitinverkleideten Luftröhren) und holen auf ganz unterschiedliche Weise über dem Wasser Luft. Unter ihnen gibt es Arten, die zufliegen und in und am Teich zu finden sind.

WASSERLÄUFER *Gerridae*

Wie Schlittschuhläufer gleiten diese mit ihren Fußspitzen über den Teich. Sie nützen dabei die Oberflächenspannung des Wassers. Ihre wasserabstoßenden Beine verhindern, daß diese flinken Leichtgewichte einsinken. Ihre Eier legen sie unter Wasser ab. Die frisch geschlüpften Nachkommen sehen ganz wie ihre Eltern aus. Sie jagen einzeln oder in der Gruppe hauptsächlich Anflugnahrung, die sie regelrecht aussaugen, nachdem sie diese mit ihrem Saugrüssel angestochen haben. Schon bei der geringsten Bewegung auf dem Wasser eilen sie – teils gleitend, aber auch springend – von allen Seiten herbei, um Beute zu machen. Bei schlechtem Wetter flüchten sie unter die Ufervegetation. An Land, unter Laub, Holz oder Steinen, wird der Winter verbracht.

Stabwanze *Ranatra linearis*

Ansiedeln: Sie fliegen von allein an und gehören zu den ersten, die ein neues Gewässer entdecken.

STABWANZE *Ranatra linearis*

Hochinteressant ist dieses 40 mm (plus Atemrohr) lang werdende Insekt. Wie ein dünner Holzspan sieht es aus, wenn es zwischen

Wasserskorpion *Nepa rubra*

dichtem Bewuchs unterhalb der Wasseroberfläche seiner lebenden Beute auflauert. Dazu trägt auch seine graurotbraune Farbe bei, ebenso das auffällig lange Atemrohr am Hinterleib. Blitzschnell kommt Bewegung in den Körper der Stabwanze, wenn sie eine Beute mit den Vorderfüßen ergreift und mit dem Saugrüssel aussaugt. Vorsicht beim Hantieren! Stabwanzen können empfindlich stechen.
Ansiedeln: Sie brauchen eine dicht bepflanzte Sumpf-

Ruderwanze oder Wasserzikade *Corixa* sp.

zone. Fliegen meistens an, können aber auch aus nahen Gewässern zuwandern.

WASSERSKORPION
Nepa cinerea

Nomen est omen: Dieses Wasserinsekt hat etwas Ähnlichkeit mit einem Skorpion. Der Körper ist flach, oval und graubraun. Die 22 mm langen Tiere verfügen über ein langes Atemrohr am Hinterleib (das meist aus dem Wasser ragt), und das erste Beinpaar ist zu kräftigen Fangarmen umgestaltet. Mit diesen wird allerlei lebende Beute ergriffen, mit dem Rüssel angestochen und ausgesaugt. Die Eier werden im Wasser in Algenpolster oder Quellmoos abgelegt. Bis zum Herbst ist die Entwicklung, die mit fünf Häutungen verbunden ist, abgeschlossen. Vorsicht, das Insekt kann stechen.

Ansiedeln: Sie brauchen ein pflanzenreiches Gewässer, das sie im Anflug finden.

RUDERWANZE
Corixidae

Bis 15 mm werden diese Tierchen groß. Man nennt sie auch **Wasserzikaden**, weil die Männchen leise zirpen können. Als Allesfresser wuseln sie auf Nahrungssuche geschäftig zwischen den Pflanzen herum. Ihre langen, haarbesetzten Hinterbeine machen sie zu gewandten Schwimmern, die allerdings starkem Auftrieb trotzen müssen (sie sind leichter als Wasser). Unter Wasser liegen auch Kinderstube und Winterquartier. Zum Atemholen kommen sie mit dem Vorderkörper aus dem Wasser.

Ansiedeln: Sie gehören zu den Erstbesiedlern aus der Luft und lieben gut bepflanzte Teiche.

RÜCKENSCHWIMMER
Notonecta glauca

Die bis zu 16 mm großen Tierchen werden so genannt, weil sie durch den Luftvorrat unter ihrem Bauch (der sie leicht macht) und den dadurch entstehenden Wasserauftrieb umgedreht werden. Den Start aus dem Wasser ermöglicht etwas Luft unter Flügeln und Bauch, die sie über das Wasser drückt. Ansonsten müs-

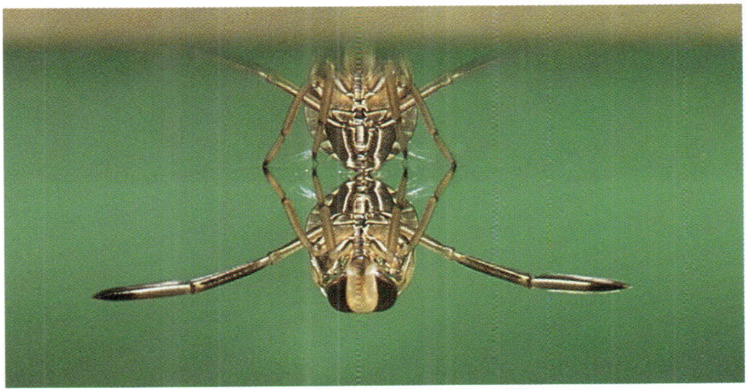

Rückenschwimmer *Notonecta glauca*

sen sie sich unter Wasser immer an etwas festhalten. Sie sind aufgrund ihrer mit Borsten besetzten Hinterbeine geschickte Jäger. Mit den Vorderbeinen wird die Beute ergriffen und mit dem Rüssel ausgesaugt. Auch sie können merklich stechen. Typisch ist ein dreieckiger Fleck vor dem Flügelansatz. Unter Wasser werden im Frühjahr Pflanzen angestochen und die Eier darin deponiert. Nach fünf Häutungen ist im Herbst die Entwicklung des Rückenschwimmers abgeschlossen. Überwintert wird im Teich. **Ansiedeln**: Sauerstoffreiche, bepflanzte Gewässer werden bevorzugt.

Großer Kolbenwasserkäfer
Hydrous piceus

Taumelkäfer *Gyrinus substriatus*

TAUMELKÄFER
Gyrinidae

Wie silbrig glänzende Kobolde tanzen sie in Gruppen auf dem Wasser. In Kreisen und Spiralen tummeln sich die 5-7 mm kleinen Käfer so rasant, daß man sie mit dem Auge kaum fixieren kann. Vollendete, mit relativ langen Schwimmhaaren besetzte Ruderbeine machen dies möglich. Ebenso geschickt sind sie bei der Jagd über und unter Wasser. Die Eier kleben sie unter Wasser an allerlei Material. Wenn die Larven schlüpfen, sind diese, wie ihre Eltern, gute Jäger. Das Vollinsekt überwintert meist im Uferbereich. Mit den von einer Querfurche geteilten Facettenaugen können sie sowohl unter als auch über Wasser gut sehen. **Ansiedeln**: Sie fliegen geradezu auf bepflanzte Gewässer.

GROSSER KOLBEN-WASSERKÄFER
Hydrous piceus

Es gilt, diesen wahren Schatz zu hüten, wenn man ihn erspäht. Er ist mit 35-50 mm unser größter Wasserkäfer, aber leider schon sehr selten geworden. Als Vegetarier ist er in unserem Teich – wie sein kleinerer Verwandter, der Stachelwasserkäfer – stets willkommen. Die Eiablage erfolgt im Wasser in einem selbstgesponnenen Kokon, der, mit einem Schnorchel versehen, an einer Pflanze direkt unter dem Wasserspiegel klebt. Die Larven ernähren sich meist von Schnecken, die sie mit Verdauungssekret anlösen. Das Vollinsekt schlüpft im Herbst und überwintert im Wasser. Die Antennen dienen ihm dabei als Atemrohr. **Ansiedeln**: Besiedelt nur große Teiche, die dicht bepflanzt sind.

GELBRANDKÄFER
Dytiscus marginalis

Schön und auffällig ist er, mit 35 mm Länge, seiner

gelben Bauchseite, seinem gelbumrandeten Halsschild und Körper. Männchen haben glatte Flügeldecken, Weibchen dagegen längsgeriefte. Bei der Fortpflanzung im Herbst oder Frühjahr wird das Weibchen mit den Saugnäpfen der Vorderbeine festgehalten. Unter Wasser werden die Eier in Pflanzen

Gelbrandkäferlarven *Dytiscus marginalis*

eingebohrt. Die wie ihre Eltern überaus gefräßigen Larven (auch **Wasserwolf** genannt) häuten sich mehrmals im Wasser, verpuppen sich aber an Land in einer kleinen Höhlung. Käfer und Larven verfügen am Kopf über zwei dolchartige Greifzangen, mit denen sie ihrem Opfer Verdauungssekret einspritzen, bevor sie es verzehren. Als Beute dient alles Lebendige, was sie erhaschen können. Deshalb sind sie in Fischteichen ungern gesehene Gäste. Man kann Gelbrandkäfer durchaus als Hochgeschwindigkeitsschwimmer bezeichnen. Ihre Luft zum Atmen holen sie von der Wasseroberfläche und tragen sie unter den Flügeln mit sich. Im Winter unter dem Eis lassen sie über das Hinterende von Zeit zu Zeit Luft ab und nehmen diese wieder auf, wenn sie aus dem Wasser Sauerstoff aufgenommen und Kohlendioxid abgegeben hat. Den gleichen Lebensraum (stark verkrautete Gewässer) besiedeln noch die (nur auf den ersten Blick) ähnlichen Furchenschwimmer und Gaukler.
Ansiedeln: Nachts fliegen sie zu spiegelnden, wasserähnlichen Flächen.

KÖCHERFLIEGEN
Trichoptera

Einem aufmerksamen Beobachter fallen meist die Larven im Wasser auf, wenn sich plötzlich ein vermeintliches Stöckchen oder etwas Pflanzenmaterial in Bewegung setzt. Köcherfliegenlarven sind geschickte Baumeister. Je nach Gewässer wählen sie das Baumaterial für ihren Schutzmantel, den Köcher, aus: im Fließgewässer z. B. kleine Steinchen oder in stehenden, verkrauteten Teichen allerlei Pflanzliches. Es gibt unter den vielen Arten auch schwimmende, die ohne Köcher

Gelbrandkäfer mit Elritze als Beute

ihre Beute erjagen, indem sie, ähnlich wie Spinnen, mit Signalfäden versehene Netze an Pflanzen hängen. Die meisten Larven ernähren sich jedoch vegetarisch. Alle sind sehr interessant und haben eines gemeinsam: Ihr Aufenthalt im Wasser ist nur kurz. Es folgt die Verpuppung im Wasser und letztendlich nach 2-3 Wochen das kurze Leben als flugfähiges Insekt, welches sowohl dämmerungs- als auch nachtaktiv ist.
Ansiedeln: Sauerstoffreiche, klare Teiche mit Flachwasserzone werden bevorzugt.

Köcherfliegenlarve mit Sand und Schneckenhäusern

SCHLAMMFLIEGEN *Megaloptera*

Im Uferbereich kann man im Mai/Juni während der Dämmerung schwarzbraune, ca. 3 cm große Schlammfliegen bei ihrer Paarung auf Schilf beobachten. Ihre zahlreichen Eier (über 1000) legen sie auf Blätter oder Stengel über dem Wasserspiegel ab. Die Larven leben dann im Bodengrund des Teiches von allerlei Kleingetier. Die Verpuppung erfolgt nach 2jähriger Entwicklung nach 9 Häutungen an Land (in einer kleinen Höhlung).
Ansiedeln: Höhere Uferpflanzen werden gern angeflogen, z. B. Zwergrohrkolben.

EINTAGSFLIEGEN *Ephemeroptera*

Das nächtliche Leben verrinnt buchstäblich im Fluge. Es bleiben diesen Vollinsekten (mit zarten durchscheinenden Flügeln) nur wenige Stunden ohne Nahrungsaufnahme, um sich in der Luft zu begatten, bevor sie sterben. Mehr Zeit verbringen ihre Larven, die aus den im Wasser abgelegten Eiern schlüpfen. Man erkennt die Larven an ihren Tracheenbüscheln unter dem Hinterbauch und drei relativ langen Schwanzanhängen (die auch das Vollinsekt trägt). Die Larven ernähren sich von Pflanzlichem. 12- bis 20mal häuten sie sich während ihrer Entwicklung. Die letzte Häutung zum flugfähigen Vollinsekt findet an Land statt.
Ansiedeln: Aus nahen Teichen fliegen sie zu, wenn der Uferbewuchs üppig ist.

FLORFLIEGEN *Chrysopidae*

Alle 20 bei uns vorkommenden Arten sind im eigentlichen Sinn keine Fliegen, da sie zwei Flügelpaare besitzen. Die 10 mm großen Tierchen sind meist grün bis gelblich mit goldenen Augen. Ihre bis zu 800 Eier, die auf einem langen dünnen Faden sitzen, legen sie häufig direkt in eine Blattlauskolonie.

Schlammfliege
***Sialis* sp.**

Köcherfliege ***Limnephilus flavicornis***

Die Larven (auch **Blattlauslöwen** genannt) haben es dann nicht mehr weit, um 10–30 Tage lang – bis zur Verpuppung in einem Kokon – unter Blattläusen, Milben und anderen Saftsaugern aufzuräumen. Nachdem sie diese ertastet haben, saugen sie ihre Opfer mit ihren Zangenkiefern aus. Bei einer Fraßleistung von bis zu 500 Blattläusen während ihrer Entwicklung oder bis zu 50 Milben pro Stunde kann man verstehen, daß die 2–3 Generationen pro Jahr allzeit willkommene Gartengäste sind. Das Vollinsekt ernährt sich auch von Pollen, Nektar etc.

Ansiedeln: Viele Grünpflanzen zum Ruhen und als Ansitz. Holz oder Lesesteinhaufen zum Überwintern. Im Haus sollte man sie nicht stören, sondern sie im Frühjahr rauslassen.

Florfliege ***Chrysopa perla***

MÜCKEN
Nematocera

Jeder kennt und meidet sie. Es gibt keinen Garten, in dem es keinen Mückenflug gibt, weil die Mücken eine überaus artenreiche Familie darstellen. Auffällig ist meistens nur die sogenannte gemeine **Stechmücke**, deren Weibchen stechen, um Blut für die Eireife zu saugen. Aus demselben Grund sind auch die **Gnitzen** (deren Larven sogar an Land zu finden sind) äußerst unbeliebt. Im Wassergarten finden wir aber auch nicht stechende Arten, wie ganze Schwärme der **Zuckmükken** (über dem Wasser oder Ufer) oder die ebenfalls harmlosen **Büschelmücken**. Sie alle sind ein wichtiger Bestandteil reicher Lebensgemeinschaften. In gesunden Teichen fallen Eier und Larven meistens schon im Wasser ihren Freßfeinden zum Opfer. Über Wasser lauern eine Menge Feinde (Vögel, Libellen etc.) auf sie. Bewegtes Wasser sagt ihnen nicht zu – Stechmücken legen ihre Eipakete als „Schiffchen" auf einer möglichst ruhigen Wasseroberfläche ab. Die geschlüpften Larven häuten sich bei allen Mükken mehrmals, und die Larven, die beim Luftholen auf und ab sinken, fallen am ehesten auf.

Stechmücken können, wenn sie großes Glück haben, bis zu sechs Wochen leben.

LIBELLEN
Odonata

In Mitteleuropa sind 80 Arten dieser eleganten Luftakrobaten bekannt, die in zwei Unterordnungen eingeteilt werden. **Kleinjungfern/Schlanklibellen** (*Zygoptera*) erkennt man an ihrem meist dünneren Hinterleib. Beide Flügelpaare sind nahezu gleich und werden in Ruhestellung schräg nach hinten gelegt getragen. Ihre Augen sind von oben gesehen etwas auseinanderstehend. Die **Großlibellen** (*Anisoptera*) haben einen deutlich dickeren Hinterleib. Ihre Flügel werden in Ruhestellung waagerecht getragen und sind unterschiedlich gestaltet. Die Augen stehen sehr nahe zusammen, so daß sie fast wie eines wirken. Beiden Gruppen ist ihre räuberische Lebensweise gemeinsam. Zum Nahrungserwerb lauern sie entweder zwischen dichtem Uferbewuchs oder legen auf ihren Patrouillenflügen große Strecken zurück. Dazu sehen sie hervorragend. Außerdem sind sie schnelle Starter und Flieger, können in der Luft verweilen und sogar rückwärts schwirren. Sie schaffen immerhin 15 Meter pro Sekunde. Oft hört man schon, bevor man sie sieht, das Knistern ihrer Flügel. Jagd und Paarung bieten ein Schauspiel der besonderen Art. Letztere findet auch im pfeilschnellen Flug statt, nachdem das artspezifische Werben (Umtanzen oder Flügelklappen im Sitzen) abgeschlossen ist. Besonders fällt bei den Schlankjungfern das „Tandemfliegen“ im Paarungsrad auf. Dabei packt das Männchen zuerst das Weibchen am Kopf. Dann biegt es blitzschnell den Hinterleib im Bogen nach vorne und unten. Dabei hält es sich mit seinen Klammern am Hinterleibsende an Kopf oder Brust des Weibchens fest. Nun führt das Weibchen seinerseits den Hinterleib an die Samentasche des Männchens. Es dockt geradezu an. Daraus resultiert das Tandem, das man stundenlang beobachten kann. Die Paarung findet im Flug oder bei den Großlibellen im Sitzen statt. Die Eier der Libellen werden, je nach Art, direkt in das Wasser (mit dem Hinterleib auftupfend) abgegeben, im Flug fallengelassen oder mit einem Legebohrer am Hinterleib in weichem Pflanzenmaterial bzw. Ufersubstrat deponiert. Je nach Wassertemperatur und Art schlüpfen die Larven unterschiedlich schnell. Die meisten leben im dichten Pflanzenwuchs (mit Ausnahme der Plattbauchlarven, die, im Schlamm verborgen, sogar ein Austrocknen des Gewässers überleben). Alle führen ein räuberisches Leben, fressen Wassertiere

Plattbauchlibellen (Weibchen) fliegen schon ab Mai.

und machen auch vor Kaulquappen oder Jungfischen nicht halt. Mit einer relativ großen Fangmaske (diese wird zurückgebildet) wird die Beute geradezu eingesogen, zerteilt und verzehrt. Bis zum Schlupf kann es nach vielen Häutungen (bis zu 15) je nach Spezies von

Großlibelle bei der Eiablage

mehreren Wochen bis zu fünf Jahre dauern.
Man findet im Wasser entweder die eleganten schlanken Larven der Kleinlibellen (mit drei längeren Hinterleibsanhängseln) oder die

Schlüpfende Mosaikjungfer

plumperen der Großlibellen. Mit jeder Häutung werden ihre Flügelscheiden ausgeprägter. Eines frühen Morgens kriechen sie auf einem Pflanzenstengel höher, krallen sich über Wasser fest und fahren nach 1 - 2 Stunden geradezu aus ihrer Haut, die am Rücken aufplatzt. Dann dauert es nochmals 1 - 2 Stunden, bis das anfänglich noch weiche Insekt seine Flügel entfaltet, den Körper streckt und härtet, Farbe bekommt und sich als kleines Naturwunder zum Jungfernflug in die Lüfte erhebt.

GROSSE KÖNIGSLIBELLE
Anax imperator

Mit einer Flügelspannweite bis 11 cm und einer Körperlänge bis 8 cm gehört unsere größte Libelle sicher mit zu den imposantesten Insekten unserer Heimat.
Auch ihre Färbung (blauer Körper und grünliche Kopfpartie) kann sich sehen lassen. Der Paarungsflug reicht vom Wasser, an dem man sich trifft, bis hinauf in die höchsten Wipfel der Bäume. Die Eier werden gern in schwimmende Pflanzen gelegt. Ihre Larven brauchen ein bis zwei Jahre zur Entwicklung. Ihre Flug- und Paarungszeit: zwischen Mitte Juni und August.

Zwei Adonislibellen bei der Paarung

Ansiedeln: Wie alle Libellen lieben sie größere, sonnige Teiche, in und an denen sowohl höhere Pflanzen als auch ein reicher Blütenflor viele Insekten anlocken.

Großlibellenlarven leben räuberisch am Teichgrund.

FRÜHE ADONISLIBELLE
Pyrrhosoma nymphula

Schon früh im Jahr, ab Ende April bis in den August hinein, taucht diese rotgefärbte, zarte Schönheit in unserem Wassergarten auf. Häufig sieht man die 3 - 4 cm kleinen Libellen auf den Sten-

Wespen trinken und jagen gern auf Seerosenblättern.

geln von Schilf oder Zwergrohrkolben ruhen, in die sie nach kurzem Tandemflug auch ihre Eier legen. Adonislibellen brauchen ein bis drei Jahre Entwicklungszeit.

Viele Käfer sind ständig auf der Jagd.

LAUFKÄFER *Carabidae*

Auch die Käfer dieser artenreichen Familie (1,5 - 4,5 cm groß), die nicht fliegen können, kommen in Teichnähe, um ihren Durst zu stillen, und können im zusagenden Bewuchs sogar standorttreu werden.
Diese flinken Käfer sind wichtige Helfer im Garten, weil sie täglich Engerlinge, Schnecken oder Würmer etc. bis zum Dreifachen ihres Körpergewichtes verzehren. Von den Weibchen werden 50 - 60 Eier gelegt, aus denen die ebenfalls räuberischen Larven schlüpfen. Zur Verpuppung legen sie kleine Höhlen im Erdreich an. Viele der Laufkäfer sind feuchtigkeitsliebend.
Ansiedeln: Beim Bau des Teiches wird ein Bereich flach und sandig angelegt. In der Nähe des Gartenteiches einen Lesesteinhaufen und Wurzelstubben sowie eine Sandaufschüttung plazieren.

BIENEN, HUMMELN & CO.

Auch Bienen kommen zum Wasser, um zu trinken und ihren Bau zu kühlen, indem sie bei Hitze Wasser eintragen. Nicht nur unsere „**Honigbienen**" verdienen unsere Aufmerksamkeit, sondern auch sogenannte „**Einsiedlerbienen**", von denen es bei uns einige hundert Arten gibt. Bei letzteren legt jedes

Uferkäfer *Carabus clathratus*

Weibchen ein kleines Nest an, das eine oder mehrere Zellen enthält. Darin werden Pollen und Nektar zur Ernährung der Larven gelagert. Sie werden auch Bauchsammler genannt, weil sie damit über Blüten streichen und so Pollen aufnehmen. In hohlen Pflanzenstengeln, kleinen Röhren in Holz oder Lehm, in Steinspalten etc., selbst in eingegrabenen Schneckenhäuschen werden

Die Wasserminze spendet auch der Hummel Nektar.

artspezifisch die Mininester angelegt. Alle Enwicklungsstadien können bei uns überwintern.
Die bunt bepelzten **Hummeln** (Erd-, Garten-, Baum-, Wiesen-, Acker- und Waldhummeln) bauen größere Nester im Boden, unter und zwischen Steinen, hohlen Bäumen und Trockenmauern. Jedes dieser Nester wird im Frühjahr von einer überwinternden Königin neu angelegt. In ihren Nestern werden, wie bei den Bienen auch, die Larven großgezogen. Aus diesen schlüpfen dann die Arbeiterinnen, die bei der Aufzucht weiterer Larven helfen. Ein gut bestücktes Hummelnest kann einige hundert Hummeln fassen. Im Sommer treten geschlechtsreife Weibchen und Männchen auf, die sich zum Hochzeitsflug treffen. Bis auf die begatteten Weibchen, die überwintern, sterben alle anderen.
Bienen und Hummeln tragen zur Bestäubung vieler Pflanzen bei. Hummeln besitzen dazu noch einen längeren Rüssel (zum Bestäuben langschlundiger Blüten) und können auch bei tieferen Temperaturen zum Nektarsammeln ausfliegen. Sie stechen nur in größter Not.

Ansiedeln: Spezielle Nistkästen (Seite 46) anbringen. Nisthilfen in Form von angebohrten Holzstücken, gebündelte hohle Stengelstücke und gegen Regen geschützt eingegrabene Blumentöpfe (mit Moos gefüllt und Loch nach oben), ein Lesesteinhaufen, ein abgestorbener Baum oder eine Trockenmauer am Wassergarten helfen den genannten und noch vielen anderen Tieren. Im Uferbereich nützt auch eine eingegrabene Schale mit einem Gemisch aus cremigfeuchtem Lehm und feinem Sand als Baumaterial.

WESPEN & HORNISSEN

Die Angst geht um, wenn man ihrer nur ansichtig wird. In manchen Fällen ist dies auch berechtigt, wenn z. B. eine Allergie gegen ihre

Bienen sind unverzichtbare Helfer im Garten.

Stiche vorliegt. Ansonsten kann man mit beiden (über die es eine Menge Ammenmärchen gibt) ganz gut leben, wenn man ihrem Nest fernbleibt und sie nicht weiter stört. Ein Hornissenvolk

Ein seltener Gast ist der Schwalbenschwanz.

fängt täglich 500 g Mücken, Schnaken, Fliegen und auch Wespen, so daß keine Art überhandnimmt.

SCHMETTERLINGE
Lepidoptera

Sie sind die Gaukler der Lüfte. Nur wenige der zahlreichen Arten sind noch Gast in unseren Gärten. Ihre Eier legen Schmetterlinge meistens schon auf den Futterpflanzen der Raupen ab. Nach dem Schlüpfen wird häufig die Eihülle aufgefressen, dann erst die Futterpflanze. Während des artspezifischen Wachstums häuten sich die in Form, Farbe, Größe und Lebensweise unterschiedlichen Raupen mehrmals. Farbe, Gestalt und Behaarung dienen der Tarnung, dem Schutz und der Fortbewegung. Manche Raupen leben als Einzelgänger, andere in Gruppen. In unseren Gärten finden sie nur wenige der bevorzugten Futterpflanzen. Es gibt Arten, die sogar auf nur eine Pflanzenart spezialisiert sind, von anderen werden nur Pflanzen einer Familie angenommen. Am einfachsten haben es die Raupen, die nicht so wählerisch zu sein brauchen.
Die Entwicklung der Raupen kann von mehreren Tagen bis zu einigen Jahren dauern. Nach der letzten Häutung suchen sie sich einen geeigneten Platz zur Verpuppung. Sie buddeln sich entweder ein, nagen sich Kammern, spinnen Kokons oder rollen Blätter ein. Auch das Puppenstadium kann von Art zu Art unterschiedlich lange dauern (bis zu mehreren Jahren). Aus dem Zellbrei entwickelt sich ein Schmetterling, der bei günstigen Umweltbedingungen der Puppe entschlüpft, um sich zur Verpaarung und für ein mehr oder weniger langes Leben in die Lüfte zu schwingen.
Manche Schmetterlingsarten unternehmen auch Wanderungen. Sie ziehen einzeln oder in Schwärmen südwärts oder nach Norden und können dabei sogar hohe Berge überfliegen.

Blüten, Birken und Weiden nähren das Tagpfauenauge.

Zitronenfalter ***Gonepteryx rhamni***

Ansiedeln: Futterpflanzen, wie auf Seite 63 empfohlen Auch sonnige Flächen mit einer artenreichen Naturwiese, Blumenrabatten und eine Naturhecke mit Buddleja und blütenreiche Teichufer bieten.

WEICHTIERE

WASSERSCHNECKEN

Sie tauchen meistens von allein auf, denn mit den Wasserpflanzen wird Laich mit eingeschleppt. Die meisten sind typische Weidegänger, die den Teich sauberhalten, indem sie Algen, tote Tiere und Abfall verzehren. Hält sich ihre Zahl in Grenzen, fällt eine Pflanzenschädigung kaum ins Gewicht.
Am häufigsten findet man die **Spitzschlammschnecke** (*Limnaea stagnalis*). Auch unter der Waseroberfläche gleitet sie, das Gehäuse nach unten, auf abgesondertem Schleim entlang, um Luft zu holen (Lungenatmer) oder Mikroorganismen aufzunehmen. Spitzschlammschnekken sind Zwitter. Auf Unterwasserpflanzen sieht man den gallertartigen Laich. Ebenso häufig findet man die **Ohrschlammschnecke** (*Radix auricularia*) im Teich.

Schnecken und Muscheln: interessante Teichbewohner

Teller- oder **Posthornschnecken** (*Planorbidae*) gibt es in mehreren Farben (gelblichrot und schwärzlich). Sie beleben vor allem die mittleren Teichzonen. Selten zu bekommen ist die **Sumpfdeckelschnecke** (*Viviparus viviparus*). Kennzeichnend ist ein Deckel, der auf ihrem Fuß sitzt und bei Gefahr als Verschluß dient. Diese „**Kiemenschnecken**“ sind lebendgebärend. Der Geschlechtsunterschied ist gut zu sehen: Die Fühler des Weibchens sind gleich dünn; beim Männchen ist nur der linke Fühler dünn, der rechte ist kürzer und dicker und enthält das Begattungsorgan. Sie leben meistens am Grund eines Teiches. Darüber hinaus fallen noch **Blasenschnecken** (*Physidae*) auf, die sich auf Nahrungssuche (Algen) recht schnell fortbewegen können.
Ansiedeln: Teller- und Sumpfdeckelschnecken kann man im Zoofachhandel kaufen. Wichtig für ihr Haus: Das Wasser soll genügend Kalzium enthalten.

MUSCHELN *Bivalvia*

Sowohl die **Teich**- (*Anodonta cygnaea*) als auch die **Malermuschel** (*Unio pictorum*) eignen sich als lebendiger Filter gut für unseren Teich. Sie bewegen sich mit ihrem muskulösen Fuß in feinem Sand oder Schlamm fort und filtern den aufgewirbelten Schlamm.
Am Hinterende der Muscheln sehen wir zwei Öffnungen: Mit der unteren wird Atemwasser und Nahrung (Plankton und Detritus) eingesogen, und durch die obere werden verbrauchtes Wasser, Fäkalien sowie Geschlechtszellen ausgestoßen. Bitterlinge nutzen die Filterleistung der Teichmuschel. Die Weibchen le-

Piratenspinne *Pirata hygrophilus*

gen ihre Eier mit einer Legeröhre in die Kiemenhöhle der Muschel, wo sie gut mit Sauerstoff versorgt werden. Die Männchen verströmen über der ansaugenden Atemöffnung ihren Samen. Aber auch die Muschel profitiert: Ihre Larven haften an den geschlüpften Jungfischen und werden von ihnen nach draußen transportiert.
Ansiedeln: Nach einem Jahr Nachzuchten kaufen! Am Boden des Gewässers eine möglichst große, mit Feinsand gefüllte Schale plazieren.

Wolfsspinnen *Pardosa spec.* wandern schnell zu.

SPINNENTIERE

Obwohl auch sie zahl- und artenreich im und am Wasser vorkommen (bei uns ca. 800 Arten), werden sie meist nur ignoriert. Aufgrund jahrhundertealter Vorurteile genießen sie nur wenig Symphatien. Dabei spielen sie im Naturkreislauf eine wichtige Rolle. So werden auf einem Hektar Naturwiese von Spinnen an die zehn Zentner Insekten vertilgt. Arttypisch sind ihre acht Beine und der zweigeteilte Körper. Zum Beutefang bauen manche mit ihren Spinnwarzen Netze oder Fallen, andere erbeuten ihre Nahrung im flinken Sprung, um diese mit einem Giftbiß zu töten. Ihr Biß reicht aus, um die Beute zu erlegen, dem Menschen können die heimischen Arten nicht gefährlich werden. Die Eier werden in der Regel in Kokons abgelegt und von den Weibchen fürsorglich herumgetragen, bewacht und die Jungen nach dem Schlüpfen gefüttert.
Häufig findet man zwischen Pflanzenstengeln die perfekten, vertikal angelegten Netze der **Gartenkreuzspinne** (*Araneus diadematus*). Besonders fällt ihre Zeichnung auf dem Rücken auf, die einem Kreuz ähnelt. Auch die Radnetze der **Streckerspinnen** (*Tetragnathidae*), die lang ausgestreckt und eng an ein Blatt geschmiegt zu sehen sind, fallen besonders nach Regen oder im Herbst auf.
Wolfsspinnen (*Lycosidae*) gehören mit zu den ersten, die sich am Teichufer beobachten lassen. Sie bauen keine Netze, sondern erhaschen

Gartenkreuzspinne *Araneus diadematus*

ihre Beute, die sie mit ihren guten Augen erspähen, im Sprung oder schnellen Lauf. Zu den Spinnentieren gehört auch der **Wasserjäger** (*Pirata hygrophilus*), der gut getarnt direkt am Wasser lauert und sogar abtauchen kann. Eine unserer größten (ca. 2 cm) und schönsten Spinnen ist die **Gerandete Jagdspinne** (*Dolomedes fimbriatus*), die am Wasser lebt und auf ihm laufen kann, ohne mit ihren härchenbesetzten Beinen einzusinken. Ihr Körper trägt vom Kopf bis zum Hinterende an jeder Seite einen weißlichgelben Streifen. Ihr mit bis zu 1000 Eiern gefüllter Kokon wird anfangs mit den Kieferklauen getragen (nur zum Fressen wird er abgelegt) und dann vor dem Schlüpfen an eine Pflanze geheftet und bewacht. Der zahlreiche Nachwuchs erfährt dort die volle mütterliche Fürsorge. In blütenreichen Teichanschlußzonen kann man mit Glück gut getarnte **Krabbenspinnen** (*Thomisidae*) entdecken. Je nach Standort (Blütenfarbe) ist das Weibchen grünlich, gelblich oder weiß gefärbt. Sie lauern mit weit ausgebreiteten Vorderbeinen auf anfliegende Beute. **Ansiedeln**: Spinnen wandern von allein zu, oder man schleppt sie mit Pflanzen ein. Netze nicht entfernen! Borkiges Holz und Steine etc. brauchen sie zum Überwintern. Unbearbeitete Flächen (Ufer) lassen bodenbewohnende Arten standorttreu werden. In artenreich bepflanzten, gut strukturierten Gärten finden viele Spinnen eine ihnen zusagende Heimat.

Wassermilbe *Hydrodroma spec.*

Wasserspinne *Argyroneta aquatica*

WASSERSPINNE
Argyroneta aquatica

Sie lebt als einzige unter Wasser. Auf Luftsauerstoff kann aber auch sie nicht verzichten. Diesen transportiert sie mit dem haarigen und silbrig glänzenden Hinterleib zu ihrer Taucherglocke, die von einem Netzgespinst zwischen Pflanzenteilen gehalten wird. Dort befindet sich auch die Kinderstube, und hier lauert sie auf allerlei Wassergetier, das ihr durch einzelne Spinnfäden, die vom Nestgespinst ausgehen, bei Berührung durch ein Futtertier signalisiert wird. Bei dieser leider

Listspinne *Dolomedes fimbriatus*

schon selten gewordenen Wasserspinne wird, was als Ausnahme zu sehen ist, das Männchen oft größer als das Weibchen.

WASSERMILBEN
Hydrodroma sp.

Sehen wir im flachen Wasser kleine (2-3 mm), rote,

Mauereidechsen *Lacerta muralis* aus dem Süden

Zauneidechse *Lacerta agilis*

prall gefüllte Kugeln mit vier Beinpaaren geschäftig hin und her wuseln, dann haben wir Wassermilben vor uns. Sie leben räuberisch von kleinsten Lebewesen. Diese werden gepackt, mit dem Rüssel angestochen und ausgesaugt. Die Eier werden an Wasserpflanzen abgelegt. Alle Larvenstadien leben räuberisch im Wasser.

REPTILIEN

Wenn es um eine natürliche Besiedlung unseres Wassergartens geht, wird unsere Geduld oft auf eine harte Probe gestellt. Je naturnaher unser Garten liegt, desto größer sind jedoch die Chancen, daß sich Eidechsen, Blindschleichen oder gar eine Ringelnatter sehen lassen, wenn wir diesen leider schon sehr selten gewordenen Gästen einen ihnen zusagenden Lebensraum bieten können. Dies gilt nicht nur für Reptilien, sondern auch für alle Amphibien. Beide haben eines gemeinsam: Sie sind wechselwarme Tiere, d. h., ihre Körpertemperatur ist von der ihrer Umgebung abhängig. Häufig sieht man sie beim „Wärmetanken", um ihren Stoffwechsel auf die richtige „Betriebstemperatur" zu bringen.

BLINDSCHLEICHE
Anguis fragilis

Trotz ihrer meist versteckten Lebensweise finden wir diese völlig harmlose Echse ohne Beine (keine Schlange!), die auch nicht blind ist und bis zu 50 cm lang werden kann, öfters in Teichnähe auf der Suche nach Würmern, Nacktschnecken, Raupen und anderem Getier. Mit Glück können diese kupferfarbenen Tiere 50 Jahre alt werden. Weibchen tragen einen dunklen Strich auf dem Rücken. Sie bringen 6 – 12 lebende Junge zur Welt. In Notsituationen werfen sie ihren Schwanz ab. Er wächst später wieder nach. **Ansiedeln**: Mit Steinen und Wurzeln gestaltete, dichtbewachsene Ufer. Lesestein-, Totholz- und Laubhaufen sowie ein Überwinterungsschacht (Seite 19) machen sie standorttreu.

ZAUNEIDECHSE
Lacerta agilis

Geschützte, warme und trockene Stellen locken diese recht selten gewordenen „Sonnenanbeter" an. Bis zu 20 cm können Zauneidechsen lang werden. Die Männchen glänzen durch ihr braunes und an den Flanken grünes Schuppenkleid. Die braun gefärbten Weibchen sind auf dem Rücken

noch dunkel gefleckt. Sie legen 5-15 Eier, aus denen nach 8-10 Wochen die Jungen schlüpfen. Als besonders hübsche Insektenjäger sind sie gern gesehen.
Ansiedeln: Sonnige Mauern und Verstecke (Lesesteinhaufen und Wurzeln). Zufüttern nach besonders langen Regenperioden mit vitaminisierten Mehlwürmern.

MOOREIDECHSE
Lacerta vivipara

Ist unser Wassergarten mehr als nur Zierde, dann kann sich diese Eidechse - auch **Wald- oder Bergeidechse** - einstellen. Beide Geschlechter haben einen braungesprenkelten Rücken. Der Bauch der Männchen ist orangerot und der der Weibchen gelblich. Die Weibchen sind, wie die heimische Blindschleiche, Schlingnatter und Kreuzotter, lebendgebärend (ovovivipar). Sie vertilgen vielerlei Insekten.
Ansiedeln: Wie zuvor beschrieben zufüttern und auch für sie einen Überwinterungsschacht anlegen (Seite 19). Ufer, Heide- und Moorflächen sowie Böschungen und Trockenmauern mit Steinen und Wurzelstubben ausstatten.

RINGELNATTER
Natrix natrix

Liegt unser Garten in der Nähe eines Großgewässers, kann unsere Teichanlage auch von dieser völlig harmlosen Natter, die exzellent schwimmen und tauchen kann, Besuch bekommen. Dann heißt es für Fische, Frösche und Molche achtzugeben, daß sie nicht zu Beute werden. Anfassen läßt sie sich nur ungern. In Angst geraten, kann sie ein übelriechendes Sekret ausscheiden. Mit einer Länge von 100-200 cm fällt die meist stahlgraue Natter mit ihren

Blindschleiche *Aguis fragilis*

arttypischen, gelben, schwarz eingefaßten, halbmondförmigen Flecken hinter dem Kopf schnell auf. Zur Eiablage suchen die Weibchen warme, humose Stellen auf (Kompost, Laubhaufen). Bis zum Schlüpfen vergehen, je nach Witterung, 2-3 Monate. Meistens ist ihr Gastspiel nur kurz. Das Nahrungsangebot ist nur in besonders großen Natur- und Gartenteichen gegeben.
Ansiedeln: Dicht bepflanzte Ufer, möglichst große Wasserfläche und Wurzeln oder große Steine zum Sonnen. In Teichnähe geeignete Verstecke unter Hütten etc.

Die ungiftigen Ringelnattern *Natrix natrix* stellen sich in Wassergärten nur sehr selten ein.

Feuersalamander *Salamandra salamandra*

AMPHIBIEN

Amphibien (**Lurche**) suchen zur Fortpflanzung das Wasser auf, leben dort als Larven und Kaulquappen während ihrer Entwicklung und gehen als Erwachsene zum Landleben über und suchen

Kammolch *Triturus cristatus*

ihre sommerlichen Jagdgründe in Wassernähe auf. Sie sind wechselwarm, d.h., sie können ihre Körpertemperatur, die sich stets der Umgebungstemperatur anpaßt, nicht selbst regeln. Im Winter, den sie an geschützten Orten oder eingewühlt im Bodengrund (auch im Gewässer) überdauern, fallen sie in eine Kältestarre.

TEICHMOLCH *Triturus vulgaris*

Schon ab Februar können sie zum Ablaichen unser Gewässer aufsuchen. Die größeren Männchen (bis 12 cm) haben dunkle Punkte auf dem gestreiften Kopf und einen bräunlichen Körper. Der Unterbauch ist orangefarben und dunkel gefleckt. Zur Laichzeit sind sie noch intensiver bläulich-orange gefärbt und tragen einen auffällig hohen, gewellten Rückenkamm. Die Weibchen sind fahler, mit dunkleren Tupfen und hellerem Bauch.
Duftstoffe führen beide an Wasserpflanzen zusammen. Das Männchen umwirbt ein Weibchen und setzt ein Samenpaket ab, das vom Weibchen mit der Kloake aufgenommen wird. Geeignete Pflanzenblätter werden vom Weibchen zu einer Tüte gefaltet und darin ein Ei deponiert. Nach zwei Wochen schlüpfen daraus mit Kiemenbüscheln versehene Larven, die sich von kleinen Wassertieren ernähren. Im Spätsommer wird die Metamorphose abgeschlossen. Die Kiemenbüschel werden zurückgebildet, es bildet sich eine Lunge, die in Verbindung mit der Hautatmung das Landleben ermöglicht. Im Wasser ernähren sich Teichmolche von Kleintieren aller Art, an Land von Würmern, kleinen Schnecken, Maden und Raupen.
Ansiedeln: Pflanzen-, stein- und holzreiche Ufer, pflanzenreiche Teich- und

Bergmolchmännchen *Triturus alpestris*

Teichanschlußzonen und Versteckmöglichkeiten schaffen. Kein Fischbesatz!

BERGMOLCH *Triturus alpestris*

In kühlere Gewässer, die auch schattig sein dürfen, wandern diese Molche zu. Besonders zur Laichzeit fallen die prächtigen Männchen mit ihrem stahlblauen Rücken, dem ausgeprägten Rückenkamm und orangeroten Bauch auf. Die Weibchen sind schwarzbraun marmoriert. Die Werbung ist der der Teichmolche ähnlich (umschwimmen, schlängeln und vibrieren). Die Eier werden in den Blattachseln feinfiedriger Pflanzen (*Myriophyllum*) abgelegt. Zu spät schlüpfende Larven überwintern im Teich. Landleben, Ernährung und **Ansiedeln:** Siehe Teichmolch.

Molchlarven tragen ausgeprägte Kiemenbüschel.

KAMMOLCH
Triturus cristatus

Mit 18 cm Länge fällt unser größter Molch, der leider schon recht selten geworden ist, sofort auf, obwohl er von oben gesehen durch seine schwarzbraune Farbe mit dunklen Flecken gut getarnt ist. Der Bauch ist gelblich mit dunklen Flecken. Besonders stattlich sind die Männchen, die im Wasser einen hohen, gezackten Rückenkamm tragen. An Land sind sie ohne Kamm und pechschwarz. Die Haut ist im Wasser und an Land auffallend körnig. Das Paarungsritual (Schlängeln, Zittern) ist sehenswert. Zur Eiablage werden Wasserpflanzenblätter gefaltet. Die Nahrung der Larven und der Molche besteht aus Wassertieren, Würmern, Schnecken und Kleingetier. **Ansiedeln**: Große Teiche mit guter Bepflanzung unter und über Wasser, mit einer Teichanschlußzone, die Versteckmöglichkeiten bietet.

Teichmolchpärchen *Triturus vulgaris*

FEUERSALAMANDER
Salamandra salamandra

Nur in wenigen Gegenden besteht die Möglichkeit, daß sie einen eher kühlen Gartenteich in hügeligem oder bergigem Gelände zur Ablage der lebendig geborenen Larven aufsuchen, nachdem ein Jahr zuvor im Mai/Juni die Paarung an Land erfolgt ist. Feuersalamander ernähren sich dämmerungsaktiv von Würmern, Schnecken

Teichfroschpaar *Rana kl. esculenta*

und anderem Kleingetier. Sie werden recht alt (über 35 Jahre in einem Terrarium).
Ansiedeln: In geeigneter Umgebung kühles, feuchtes Milieu mit vielen Verstecken schaffen.

GRASFROSCH
Rana temporaria

Ihn zählt man zu den Braunfröschen, deren Oberseite bräunlich mit dunklen Flekken ist. Man kann ihn auf den ersten Blick mit dem selteneren **Moorfrosch** (*Rana arvalis*), der allerdings an Moore gebunden ist, leicht verwechseln. Grasfrösche sind unsere häufigsten Frösche. Diese bis 10 cm langen und glatthäutigen Frösche treffen oft bereits im Februar zur Paarung ein, wenn sie nicht ohnehin schon am Grund des Gewässers überwintert haben. Sie atmen nicht nur über ihre Lungen, sondern nehmen auch Sauerstoff über die Haut auf.
Der Ruf dieser dämmerungsaktiven Frösche läßt sich als dumpfes Knurren oder Brummen beschreiben. Häufig wird man zuerst auf die großen Laichballen aufmerksam (jeglicher Froschlaich wird in Gallertballen abgelegt), in denen 3000 bis 4000 Eier eingebettet sind. 3 - 4 Wochen brauchen die Eier, bis sie zu Kaulquappen geworden sind, und nochmals 2 - 3 Monate dauert es, bis endlich die kleinen Grasfrösche an Land gehen können. Nicht umsonst ist die Zahl der Eier so groß, denn auf dem Weg durch die Metamorphose und auch außerhalb des Wassers lauern viele Gefahren auf sie. Erst nach 3 - 4 Jahren werden sie

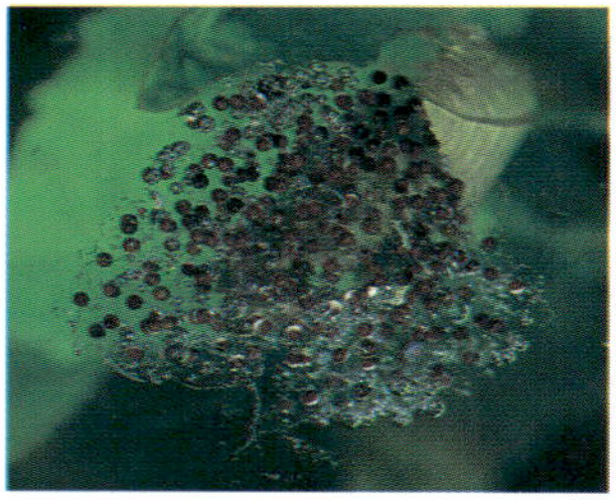

Teichfrosch-Laichballen

Raspelnde Kaulquappen

Hinterbeine wachsen zuerst

Grasfroschpaarung *Rana temporaria*

geschlechtsreif. Wenn ihnen Teich und Umgebung zusagen, können Grasfrösche recht standorttreu sein und relativ alt werden (6–8 Jahre).
Ansiedeln: Teichtiefe über 80 cm. 1–2 Uferstreifen flach und dicht bepflanzen. Kraut-, stein- und wurzelreiche Anschlußzone, kühle und feuchte Stellen im Garten. Vor dem Mähen durch das Gras rechen, damit die Frösche flüchten können. Keinen Faulschlamm am Teichgrund! Wenn die Amphibien das Wasser verlassen, als Köder etwas Fisch, Fleisch, Banane bzw. Zitronenscheiben auslegen, um kleine Insekten anzulocken.

GRÜNFRÖSCHE & WASSERFRÖSCHE *Rana sp.*

Beim **Kleinen Teichfrosch** *(Rana esculenta)* oder **Wasserfrosch** *(Rana lessonae)* besteht am ehesten die Möglichkeit eines Zuzugs, da sie gern auf Wanderschaft gehen. Im Mai findet ihre Paarung statt. Das laute Quaken mit resonanzverstärkenden Schallblasen, die rechts und links hinter dem Kopf liegen, soll laichwillige Weibchen anlocken. Solch ein Froschkonzert kann sich über den ganzen Frühsommer hinziehen. Während der Paarung klammern die Männchen, huckepack auf dem Weibchen sitzend. Der Laich wird dabei in Gallertballen abgegeben. Gallert wirkt wie eine Linse, die das Ei mit gebündeltem Sonnenlicht entwickeln hilft. 3–4 Monate dauert die gesamte Entwicklung. Grünfrösche leben tagaktiv und lauern gern an einer exponierten Stelle auf Beute. Zur Nahrungssuche nach Insekten sowie Spinnen wird auch die Umgebung durchstreift. Die Frösche überwintern außerhalb des Gewässers in geeigneten Unterschlupfen.
Ansiedeln: Wie bei den Grasfröschen. Bei knapper Nahrung Köder auslegen.

LAUBFROSCH *Hyla arborea*

Der mit 3–5 cm kleinste, hübscheste, aber auch seltenste Frosch unserer Heimat stellt sich nur noch selten zum Laichen (April/Mai) am Teich ein. Die Kaulquappen haben goldgelbe Augen und ernähren sich von Algen und organischer Substanz. Dieser Grünrock kann seine Farbe auch zum tarnenden Braun wechseln. Die Männchen fallen durch keckerndes bzw. bellendes Quaken auf (Schallblase an der Kehle). Nach der Paarung leben die guten Kletterer gern auf Büschen (Haselnuß), Schilf oder Rohrkolben in Wassernähe.

Rufende Gelbbauchunke *Bombina variegata*

Ansiedeln: Uferbewuchs und geeignete Büsche in Ufernähe. Beim Schlüpfen der Kaulquappen: Ufer mit Vogelschutznetz abdecken.

UNKEN *Bombina sp.*

Nur wenn im Wassergarten ein Graben oder ein flacher,

Erdkröten während der Metamorphose (Umwandlung)

Erdkrötenpaar *Bufo bufo* bei der Paarung

langsam fließender Bach mit kleinen ausgespülten Mulden vorhanden ist, können sich Unken einstellen. **Gelbbauchunken** (*Bombina variegata*) leben in leicht hügeligem bis bergigem Gelände und werden deshalb auch **Berglandunken** genannt, und **Rotbauchunken** (*Bombina bombina*) haben ihren Namen von ihrem gefleckten Bauch. Ihr grauer Körper mit der warzigen Haut tarnt sie gut. Sowohl Unken als auch Kröten können zu ihrem Schutz über die Haut giftiges Sekret ausscheiden. Beide sind stark an Wohngewässer gebunden. Als Nahrung dienen Würmer und allerlei Kleingetier. Zur Paarung lassen die Männchen ein leises, helles „Uhuh" hören. Der Laich wird in kleinen Klumpen in das Wasser abgesetzt. Erst im Oktober ist die Entwicklung zur Babyunke, die wie ihre Eltern in Teichnähe in geeigneten Unterständen überwintert, abgeschlossen.

Ansiedeln: Für flache Wasseransammlungen und verkrautete Ufer und Steine bzw. Holz im Wasser sorgen. Steile Ufer vermeiden.

KRÖTEN
Bufo sp.

Sie sind des Gärtners Freund – wegen ihres Appetits auf ungebetene Gäste (Insekten, Schnecken und allerlei Gewürm). Leider gelten Kröten wegen ihrer tarnfarbigen, rotbraunen, trockenen, samtigen, warzigen Haut als häßlich. Dabei braucht man z. B. nur einmal einer **Erdkröte** (*Bufo bufo*) in die goldigen Augen zu sehen, um diese Meinung sofort zu revidieren. Erdkröten sind, wie alle Amphibien, wechselwarm. Deshalb wecken feuchtwarmer Regen oder Temperaturen über 5 °C im Frühjahr ihre Lebensgeister. Sie kehren instinktiv Jahr für Jahr während der Dämmerung und nachts stets zu ihrem Geburtsteich zurück. Dies wird ihnen oft zum Verhängnis, wenn sie auf ihren Wanderwegen (auch im Herbst) nach einem inneren Kompaß Straßen überqueren

müssen. Je nach Temperatur brauchen sie für 10 m asphaltierte Straße bis zu 30–40 Minuten.
Obwohl ein Krötenweibchen nur eine stille Schönheit ist, wird es heiß begehrt. Oft sind es 3–4 Männchen, die sich heftig um sie balgen. Trifft ein Männchen unterwegs auf ein Weibchen, so wird dieses kurzerhand hin-

Die Wechselkröte *Bufo viridis* ruft trillernd.

ter den Achseln umklammert, und der Macho läßt sich huckepack zum Laichgewässer tragen. Die Weibchen haben so ihre Last mit den kleineren Männchen, die oft zu mehreren an ihnen hängen und sie unter die Wasseroberfläche drücken. Umklammert ein Männchen ein anderes, so läßt dieses einen metallisch bellend-schnarrenden Abwehrruf (oft im Stakkato) ertönen, der den Irrtum aufklärt. Der Laich wird in zwei Laichschnüren mit Tausenden von Eiern um Wasserpflanzen gewickelt. Dabei werden sie vom Männchen befruchtet. Noch eine geraume Weile nach dem Laichen kann man die Männchen auch tagsüber rufen und plantschen hören. Nach dem Schlüpfen zehren die Kaulquappen noch einige Wochen vom Dottersack. Nun bilden sie Schwärme und weiden Algen und Aufwuchs ab. Es wachsen zuerst die Hinterbeine, dann die vorderen, der Ruderschwanz wird zurückgebildet. Aus der kiemenatmenden Kaulquappe wird eine lungenatmende Kröte. Im Juni/Juli verlassen die Jungkröten den Teich und führen, wie ihre Eltern, ihr ver-

Typisch für Kröten sind ihre Laichschnüre.

Knoblauchkröte *Pelobates fuscus*

stecktes, von uns nur selten bemerktes Landleben in Garten, Feld und Flur. Im Herbst wandern sie wieder in Richtung Teich, um in geeigneten Verstecken an Land zu überwintern.
Ansiedeln: Den Garten reich strukturiert, mit vielen Versteckmöglichkeiten anlegen. Schächte und Löcher abdecken und kontrollieren. Blumenwiese erst nach der Krötenwanderung mähen. Für die nachfolgenden Arten muß man im Wassergarten besondere Lebensräume schaffen: Die **Wechselkröte** *(Bufo viridis)* braucht Trockenrasen und sonnige Steinhaufen, die **Kreuzkröte** *(Bufo calaminta)* Steinspalten und Löcher sowie sandigen Boden. **Knoblauchkröten** *(Pelobates fuscus)* lieben sandigen, leicht begrabbaren Boden. Sie brauchen ein geeignetes Ablaichgewässer.

VÖGEL

Unsere Gärten gewinnen als ökologische Nischen stets an Bedeutung. Vor allem fällt auf, daß immer mehr Vögel diesen Lebensraum entdecken. Und so mancher ehemals scheue Waldbewohner (**Amsel**) wurde zum Kulturfolger oder ist gerade dabei (**Graureiher**). Das

Stockenten machen im Teich Probleme.

Überall zu Hause: die Amsel

Wasser zieht sie zu jeder Jahreszeit zum Trinken und Baden magisch an. Selbst solche Arten nutzen das kostbare Naß, die sonst in Gärten kaum zu sehen und zu hören sind. Unsere gefiederten Freunde erfreuen uns mit ihrem Gesang, wirken durch ihr oft prächtiges Gefieder sowie quicklebendiges Gehabe und sind unverzichtbare Helfer im Garten. Um gefahrlos das begehrte Naß genießen zu können, sollte eine Uferseite freie Sicht von 2–3 m^2 bieten. Einzelne Trittsteine im Flachwasser werden ebenfalls gern angenommen. Ein sparriges Gebüsch in Teichnähe zum Trockenwerden macht das Ganze dann perfekt.

ANSIEDLUNGSHILFEN BIETEN

Viele unserer Singvögel sind Höhlen- oder Halbhöhlenbrüter. Vor allem werden in alten, hohlen Bäumen zurückgefaulte Ast- oder Spechthöhlen gesucht. Ebenso gefragt sind Nischen und Höhlen in Mauern. Damit weder **Kohl**- noch **Blaumeisen** im Briefkasten brüten müssen, bieten wir ihnen geeignete Nistkästen, die nicht nur von den Meisen gerne angenommen werden. In Ermangelung alter Bäume werden die Nistkästen auch von den **Weiden**- und **Sumpfmeisen**, die sich immer häufiger in Wassergärten einfinden, bewohnt. Begrünte Wände werden ebenfalls von vielen Vögeln genutzt. So auch vom **Zaunkönig**, der sich überall dort wohl fühlt, wo die Vegetation besonders dicht ist. **Bachstelzen** hingegen finden sich in Teichnähe ein, wenn offenes Gelände an ein blütenreiches Ufer anschließt und Höhlungen oder Nischen vorhanden sind. **Mönchs-**, **Klapper**- und **Gartengrasmücken** lieben dichtes Gebüsch und Hecken. Alten Laubbaumbestand, auch Kiefern, braucht der **Gartenbaumläufer**, der bei der Nahrungssuche in Spiralen den Stamm hinaufklettert, um, oben angekommen, wieder nach unten zu fliegen und dort erneut zu beginnen; ebenso wie der **Kleiber**, der den Stamm allerdings kopfunter hinabklettern kann. Er legt außerdem Wintervorräte an. Der Nisthöhleneingang wird mit feuchtem Lehm verengt. Laubsänger wie **Zilp Zalp** und **Fitis** lieben die Wassernähe, alten Baumbestand (auch Obstbäume), lichtes Gehölz, dichte Hecken und blütenreiche Blumenbeete, auf denen vom Frühjahr bis Herbst immer etwas blüht (der Insekten wegen). Dies kommt auch dem **Garten-** und **Hausrotschwanz** sowie dem **Rotkehlchen** zugute. Sie brauchen zur Brut Nischen in Mauern etc. oder Halbhöhlen, meist von Efeu umwuchert. Sie sitzen oft erhöht und jagen bevorzugt auf Lesesteinhaufen und Trockenmauern. **Heckenbraunellen** finden sich in gut strukturierten und mit Hecken und Unterwuchs

Keine Seltenheit: Reiher in den Wassergärten

Bachstelzen suchen offene Flächen in Teichnähe.

bewachsenen Gärten (Naturgärten) gern in Wassernähe ein. **Haussperlinge** haben sich schon lange ganz eng an Menschen angeschlossen. Oft finden sich unüberhörbare Gruppen an einer Futterstelle ein. Bevorzugt brüten sie in Nischen oder Mauerlöchern. Es werden auch Starennistkästen angenommen. **Feldsperlinge** zieht es aus der freien Feldflur ebenfalls in die Gärten. Sie suchen im Winter gezielt Futterstellen auf. Dort ist zudem der **Grünling** (**Grünfink**) in größeren Trupps zu finden. Obstbäume, Gebüsche und samenreiche Beete machen ihn sogar standorttreu. Ein artenreicher Baumbestand (unter anderem Obstbäume) und fruchtende Hecken sind vonnöten, wenn sich der **Buchfink** heimisch fühlen soll. Am Futterhaus stellt er sich schnell ein. **Gimpel** (**Dompfaff**) suchen meist paarweise solche Gärten auf, in denen viele knospenreiche Bäume, fruchtende Sträucher und Blütenpflanzen zu finden sind. Einem kühlen Bad können sie im Sommer nicht widerstehen. In kalten Wintern kommen sie sporadisch zum Futterhaus. Leider zu selten sehen wir **Stieglitze** in unseren Gärten. Sie brauchen Obstbäume, Birken, Erlen oder Kiefern sowie Trockenrasen, Wildblumenwiesen oder samenreiche Großstauden zum Wohlfühlen.

Stare bevorzugen Gärten, in denen es Höhlen oder Nistkästen sowie ertragreiche Obstgehölze (auch Holunder) gibt. Einige überwintern sogar bei uns und sind dann auf unsere Fütterung

Haussperling *Passer domesticus*

Stieglitz *Carduelis carduelis*

angewiesen, genauso wie diejenigen Stare, die schon im Februar bei uns eintreffen und von einem späten Wintereinbruch überrascht werden.

Leider werden **Rauch-** und **Mehlschwalben** bei uns immer seltener, weil sie kaum Nistgelegenheiten finden. Wir können ihnen dabei helfen, indem wir am Teichufer eine flache Wanne mit feuchtsämigem Lehm aufstellen – so können sie ihre Nester bauen. Über großen Teichen finden sie dann auch noch viele aufsteigende Insekten.

Selbst **Spechte** kommen in baumreiche Gärten, wenn dort Altholz lagert oder abgestorbene Bäume stehengeblieben sind. Spechte (am häufigsten der **Buntspecht**) schaffen Höhlen für sich und andere Höhlenbrüter. Auch an der Futterstelle tauchen sie im Winter auf, wenn dort Fettfutter angeboten wird.

Je nach Größe und Struktur zieht ein Wassergarten neben sehr häufig vorkommenden Arten wie der nahezu überall ansässigen Amsel natürlich noch solche Arten an, die unsere Oase als willkommene Raststätte auf ihrem Wanderflug ansehen oder nur für kurze Zeit bleiben, evtl. zur Brut (z. B. **Wildenten**) oder wenn leckere Samen oder Früchte sie anlocken.

Baumstubben sind dekorativ und dienen als Ansitz und Ausstieg für Tiere im und am Wasser.

TIP: Schützen Sie die Nester! An raubzeuggefährdeten Stellen, z. B. am Boden oder in zugänglichen Nischen und Höhlen, die Nester mit einer großmaschigen Drahthaube (Wölbung ca. 60 cm) sichern. Außerdem an Baumstämmen Vogelschutzmanschetten anbringen.

SÄUGETIERE

FLEDERMÄUSE

Unser Wassergarten – besonders wenn er sowohl alten Baumbestand (mit Löchern und Höhlen) als auch freie Flächen und ein möglichst großes Gewässer aufweist – kann auch für immer seltener werdende Fledermäuse (alle 22 Arten sind bei uns gefährdet bzw. vom Aussterben bedroht) zum Lebensraum werden. Als Sommerquartier eignen sich sog. Fledermauskästen, die man mit der Einflugöffnung nach Süd-Südwest in ca. 3–6 m Höhe aufhängt. Als Insektenjäger durchstreift die Fledermaus nach Einbruch der Dunkelheit unseren Garten und fliegt, lautlos, aber behende Insekten jagend, knapp über der Wasseroberfläche oder an Lichtquellen entlang. Eine

Junge Siebenschläfer – *Glis glis*

Wasserfledermaus *Myotis daubentoni*

Fledermaus kann pro Jahr bis zu einem Kilogramm Insekten vertilgen (ca. eine halbe Million). Überwintert wird in kühlen Schächten, Höhlen und Stollen etc., Störungen nehmen sie übel.

IGEL

Über kurz oder lang wird auch ein Igel zuwandern und nicht nur dem kühlen Naß zusprechen, sondern auch am reich gedeckten Gartentisch teilhaben. Trockenes, versteckreiches Gelände mit Hecken und dichtem Unterwuchs liebt er über alles. Dämmerungs- und nachtaktiv jagen diese Heimlichtuer hauptsächlich nach Insekten, Regenwürmern, Schnecken und Jungmäusen. Selbst süßes Obst lassen sie sich schmecken. Auch vor Amphibien und Vogeleiern machen sie nicht halt. Deshalb schützen wir das Teichgelände (schmalen Zugang mit flachem Ufer zum Teich freilassen) und Bodennester mit einem ca. 20 cm hohen Maschendrahtzaun.
Unser stachliger Freund (rund 16 000 Stacheln) steht unter Naturschutz. Im November zieht er sich in sein Nest zurück, um dort bis April seinen Winterschlaf zu halten. 500 g schwer muß er sein, um den Winter zu überleben. Hilfreich sind dabei eine Igelkuppel mit Isolierboden (möglichst zugluftgeschützt, trocken und dunkel aufstellen), Reisig- oder Laubhaufen bzw. Holzstapel oder ein zugänglicher Komposthaufen.

BILCHE
Gliridae

Mehr zufällig stößt derjenige, der Nistkästen reinigt oder in seinem Garten auch

Eichhörnchen sind putzige und interessante Tiere.

nach Einbruch der Dunkelheit auf „Safari" ist, auf **Bilche**, die der Familie der Schläfer (*Gliridae*) angehören. Vor allem **Siebenschläfer** (*Glis glis*) finden sich in Gärten mit dichtem Baumbestand oder vielen Obstbäumen ein. Sie und die Garten- sowie Baumschläfer und die putzige **Haselmaus** sind Winterschläfer. Beim Siebenschläfer kann der Winterschlaf in einer selbstgegrabenen Erdhöhle sogar 8–9 Monate dauern. Das kugelförmige Nest der Sieben-, **Garten-** und **Baumschläfer** ist etwa handballgroß und hängt frei im dichten Geäst größerer Bäume. Das Nest der winzigen Haselmäuse ist selten über einer Höhe von 2 m im Gesträuch zu finden. Zur Nahrung der Bilche gehören Beeren, Samen, Nüsse, Knospen und auch Obst. Übrigens empfiehlt es sich nicht, wenn man beim Säubern eines Nistkastens auf einen Siebenschläfer trifft, diesen mit der bloßen Hand zu berühren. Vogelschützer können ein Lied davon singen, wie beherzt diese Gartenkobolde zubeißen können.

SPITZMÄUSE
Soricidae

Sie gehören wie Igel und Maulwurf zu den Insektenfressern und sind deshalb nützliche Helfer im Garten. Ihr Körper erinnert an eine Maus, aber der Kopf ist deutlich länger und spitzer. Das Gebiß ähnelt dem eines „Raubtieres". Nachts kann man in ihrem Revier arttypisches, hohes „Zwitschern" hören. Lesesteinhaufen, Wurzelstubben und dichter Bodenwuchs läßt diese nachtaktiven Tierchen heimisch werden. Sie leben in Grasnestern unter Reisig, Laub, Steinhaufen oder in Bauten anderer Kleinsäuger. Die **Wasserspitzmaus**, deren Fell gut eingefettet ist, kann, um unter Wasser zu jagen, hervorragend schwimmen und tauchen. Unter Wasser wird sie von einer silbrigen Hülle aus Luftbläs-

Haselmaus *Muscardinus avellanarius*

chen umgeben. Sie hält sich überwiegend im Uferbereich auf. Im Winter bleiben die Spitzmäuse aktiv und suchen möglichst geschützte Plätze auf. Überhand nehmen sie nicht, da sie als eher unleidliche Einzelgänger gelten.

EICHHÖRNCHEN
Sciurus vulgaris

Besonders beliebt bei Kindern sind diese Clowns der Wälder. Sie fallen durch ihre gewagten Sprünge (mit dem Schwanz austariert) und Kletterkünste auf, die stammauf und stammab sowie von Ast zu Ast und Baum zu Baum stattfinden. Unsere Herzen gewinnen sie schnell, weil sie durchaus handzahm werden können und Leckerbissen aus der Hand nehmen. Es soll jedoch nicht verschwiegen werden, daß sie neben Samen, Nüssen, Früchten sowie Insekten auch Vogeleier und, wenn erreichbar, einen Jungvogel als willkommene Nahrung ansehen. Da sie aber, bis auf die Paarung, mehr einzelgängerisch leben, große Areale als ihr Revier betrachten und von Mardern „kurz" gehalten werden, hält sich dies in Grenzen. Ihr Nest, den Kobel, legen sie in Baumwipfeln an. Dort übernachten und überwintern sie ohne Winterschlaf.

WO FINDE ICH WELCHES TIER?

Im Wasser
Amphibien und deren Larven, Egel, Hydra, Insekten, Milben, Mollusken, Planarien, Plankton, Schwämme, Spinnen, Würmer; evtl. auch Fische

In der Uferbepflanzung
Blindschleichen, Frösche, viele Insekten (z. B. Käfer, Fliegen, Schmetterlinge), Kröten, Libellen, Molche, Schnecken, Spinnen; zudem Tiere, die zum Trinken und Baden kommen

Über dem Wasser
Libellen, Schwalben; während der Dämmerung Fledermäuse

In der Blumenwiese
Bienen, Fliegen, Heuschrecken, Hummeln, Käfer, Spinnen, Streifenwanzen, Vögel

An Wildstauden
Bienen, Hummeln, Käfer, Schmetterlinge, Schweb- und andere Fliegen, Spinnen

In Trockenrasen, Kies- und Sandflächen
Ameisen, Bienen, Eidechsen, Erdbienen, Grillen, Heuschrecken, Hummeln, Käfer, Schwebfliegen, Spinnen, Vögel

In Wildstrauchhecken
Bienen, Bilche, Blindschleichen, Haselmäuse, Heupferde, Igel, Käfer und andere Insekten, Kröten, Laubfrösche, Spinnen, Vögel

An Lesesteinhaufen
Eidechsen, Kröten, Käfer, Mauswiesel, Schnecken, Spinnen, Spitzmäuse

An Trockenmauern und Steinwällen
Asseln, Blindschleichen, Eidechsen, Fliegen, Gartenschläfer, Grabwespen, Käfer, Schmetterlinge, Schnecken, Spinnen

An Totholzstapeln
Asseln, Blindschleichen, Käfer, Kröten, Spinnen, Spitzmäuse, Vögel, Wildbienen

An begrünten Fassaden
Bienen, Fliegen, Hummeln, Käfer, Spinnen, Vögel

In Obstbäumen
Bienen und andere Insekten, Käfer, Siebenschläfer, Spinnen, Vögel

Besonders Kinder werden angeregt und sind faszinierte Beobachter.

Beobachten, bestimmen, genießen

Der Mühe folgt verdienter Lohn

Kaum fertiggestellt, bietet unser Wassergarten ein Festival der Sinne. Ab jetzt kann man teilhaben am steten Zulauf von Tieren und sich an den ersten Blütendüften erfreuen. Es schwirrt und summt, und täglich lassen sich mehr Vögel hören und sehen.

Es macht großen Spaß, im eigenen Garten auf Safari zu gehen und in die Rolle eines Biologen zu schlüpfen: gezielt zu beobachten und zu werten und darüber nachzudenken, wie komplex das Leben in unserem Wassergarten sein kann und die richtigen Schlüsse daraus zu ziehen. Das Leben schlägt für uns täglich sein Tagebuch auf. Und auf jeder Seite offenbart sich die Natur mit ihren Geschöpfen, deren Leben und Vergehen. Neben für uns unendlich Schönem werden wir auch den natürlichen Kampf ums tägliche Überleben der Tiere hautnah beobachten, oft auch mit zwiespältigen Gefühlen Anteil nehmen.

BEOBACHTUNGEN FESTHALTEN

Es lohnt sich, angefangen vom Baubeginn bis zur Fertigstellung und weiter Tag für Tag, das Werden, Kommen und Gehen zu registrieren und in Schriftform, Bild oder Tonaufzeichnungen festzuhalten. Sie werden feststellen: Die Ergebnisse sind sehens- und hörenswert. Über Jahre hinweg sind solche **Aufzeichnungen** nicht nur interessant, sondern lassen sich auch vielfältig nutzen; sozusagen als Erfolgskontrolle. Auch Sie werden feststellen, daß man die Zeugen unseres Staunens und Begreifens schon bald nicht mehr missen möchte. Viele Eindrücke kitzeln nicht nur für den ersten Moment unser Gedächtnis. Häufig genug werden dabei Erinnerungen an frühere, vielleicht sogar Kindheitserlebnisse wieder wach. Aufzeichnungen sind für jedermann machbar, weil man auf keine Methode festgelegt ist. Man kann ein **Gartentagebuch** führen oder nur einzelne Erlebnisse in einer Kladde oder einem Notebook festhalten oder die Beobachtungen im Computer speichern. Mit

Ein Leckerbissen für unseren Teichfrosch (unten): die Plattbauchlibelle (Männchen, *Libellula depressa*)

BEOBACHTUNGSHILFEN

- Gutes Fernglas
- Lupe 10fache Vergrößerung
- Universal-Deckellupe
- Umhängelupe
- Binokular 50fache Vergrößerung
- Mikroskop
- Stabmikroskop
- Mikroskopierzubehör
- Polarisationsbrille
- Planktonnetz mit Teleskopstiel
- Miniaquarium zum kurzfristigen Beobachten oder als Fotobecken
- Ansaugrohr mit Gummipumpe
- Pinzette
- Insekten-Snapy
- Insekten-Nisthaus mit Vorderwand zum Öffnen
- Regenmesser
- Knieschoner
- Kniebank
- Tarnnetz
- Dreibeinstuhl
- Kleine Wetterstation mit Temperatur-, Luftdruck- und Luftfeuchtigkeitsmesser

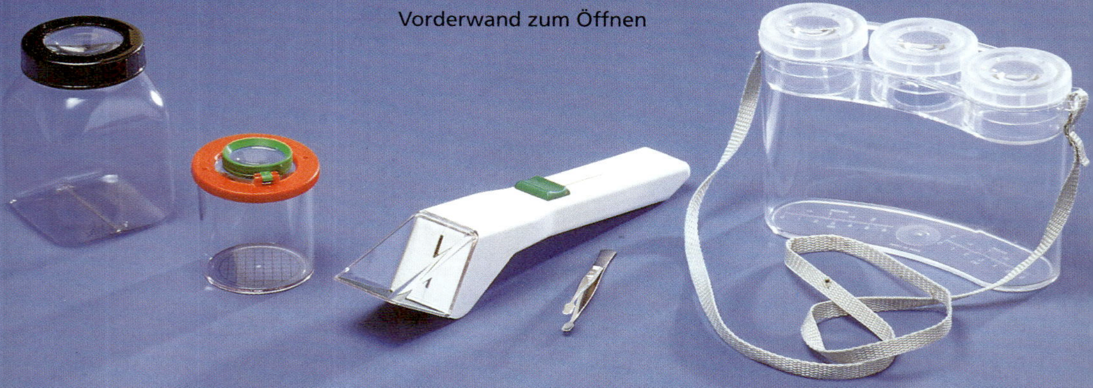

Deckellupen, Insekten-Snapy, flache Pinzette, Dreifachlupe (v. l. n. r.)

dem Fotoapparat oder einer Videokamera lassen sich die Eindrücke visualisieren und per Tonband auch allerlei „Hörbares" konservieren. Diese beliebten Nebenbeschäftigungen schärfen den Blick fürs Detail und somit auch für noch mehr Interesse am selbst Geschaffenen. Wer noch „tiefer" in die Natur blicken will, dem stehen weitere nützliche Hilfen zur Verfügung (siehe oben).

BITTE NICHT STÖREN!

Bei aller Begeisterung gilt es zu bedenken, daß unsere Gartenbesucher samt und sonders scheue Wildtiere sind, die sich besonders in neuen Gärten erst eingewöhnen müssen. Sie brauchen regelrechte **Ruhezonen** mit möglichst dichter Deckung. Manche haben eine große Fluchtdistanz und können auf Störungen in ihrem Habitat mit Abwanderung oder gar der Aufgabe der Brut reagieren (Vögel). Weil alle Vögel Nesthocker sind und der besonderen Zuwendung ihrer El-

tern bedürfen, muß man in der **Brutzeit** besonders vorsichtig sein und größere Störungen vermeiden – obwohl man manchmal den Eindruck haben kann, daß sich die Kulturfolger recht selten aus der Ruhe bringen lassen und sich schnell an unsere Anwesenheit gewöhnen. Gegen eine Beobachtung aus gehörigem Abstand per Fernglas ist nichts einzuwenden. Auch die eigene Katze sollte während der Brutzeit im Haus bleiben.
Je ruhiger wir uns auf unseren Erkundungsgängen oder am Beobachtungsplatz bewegen, desto mehr können wir entdecken. Am Gewässer sollte man möglichst keinen Schatten auf das Wasser werfen, und bei der Annäherung sind Bodenerschütterungen weitgehendst zu vermeiden. Wenn wir dem Teich ein wenig Plankton, etwas Bodengrund oder ein Wassertier zum Beobachten entnehmen, sollten wir vorsichtig vorgehen und Trübungen vermeiden. Der Fang darf nicht in der Sonne stehen und muß möglichst bald wieder sanft zurückgesetzt werden.
Auf unseren Beobachtungsgängen können wir auch vielen Tieren in Not helfen. Schmetterlinge und ihre Puppen oder Florfliegen etc. stören wir nie an ihren Überwinterungsplätzen und sperren sie nicht dauerhaft ein. Kaminholz wird noch draußen abgekehrt, so daß Spinnen u. a. nicht mit verbrannt werden. **Laub-** und **Reisighaufen** im Herbst nicht abbauen oder gar verbrennen! Darunter und dazwischen leben immer Tiere. Für solche „Haufen" sollte in jedem Garten Platz sein. **Alte Bäume** kann man, soweit es die Sicherheit erfordert, zurückschneiden. Der Rest bleibt stehen und kann, z. B. mit Efeu oder wildem Wein bewachsen, zu einem romantischen Element und einer Wohnung für Tiere werden. Spinnen **im Haus** fängt und transportiert man nach draußen mit dem Insekten-Snapy oder stülpt ein Glas über sie und schiebt vorsichtig ein Stück Papier darunter. **Kellerschächte** und **Gullys**

Nützlich und interessant ist die Hornisse *Vespa crabro*. Nähert man sich ruhig, bleibt sie sitzen.

sind wahre Kleintierfallen. Deshalb sollte man sie regelmäßig absuchen und ein feines Netz unter das Gitter montieren oder ein Brett mit Querhölzchen als Leiter in den Gully legen. Das Gleiche gilt für **Steilwandteiche** (Bottiche etc.) aller Art. Damit kein Tier ertrinkt, dienen Wurzeln oder Bretter als Ausstieg. Findet man bei Gartenarbeiten Kröten, sollte man sie dort lassen, wo sie sind. Man braucht sie nicht in den Teich zu setzen. Es könnte auch eine Geburtshelferkröte sein (in Südwestdeutschland), deren Männchen mit den Eischnüren um den Bauch bis zur Schlupfreife über Land unterwegs ist. Muß man Kröten notgedrungen anfassen, dann sollte man sich nicht an Mund oder Augen fassen und sich anschließend gründlich die Hände waschen, denn ihre Drüsenausscheidungen sind giftig.

Gelbbauchunke *Bombina variegata* in Schreckstellung

Eine wahre Arche Noah ist ein gut angelegter Teich.

Bergmolche beim Verlassen des Laichgewässers

ANLOCKEN IST ERLAUBT

Hat man das Gefühl, daß sich eigentlich noch mehr Leben im Garten zeigen könnte, obwohl die Gartengestaltung und das Gewässer in Ordnung sind, dann kann man noch etwas nachbessern. Oder wenn man vom vorgesehenen „Ansitz“ zuwenig sehen kann, dann helfen meiner Erfahrung nach folgende **Lockmittel**, die man gut einsehbar anbringt. Dies sind natürliche Nistmaterialien, die im Garten reichlich anfallen: sämigfeuchter Lehm in einer größeren Schale, Feinsand oder gesiebte und eingeschlämmte Erde. Auch Torfmoos (*Sphagnum*) und andere Moosarten aus dem Rasen sind äußerst beliebt. Algen und Wasserpflanzenteile nutzen nicht nur als Kompost. Trockene Halme (Heu und Stroh), auf 5–10 cm eingekürzt, werden z. B. von Vögeln genausogern als Nistmaterial verwendet wie

Hunde- oder Katzenhaare sowie ungezieferfreie Hühnerfedern. Sie werden zwischen Reisig an einem einsehbaren, trockenen Platz angeboten.
Oder man bindet gebündelte Zweige so in eine Astgabel, daß eine sichere **Nestauflage** gegeben ist. Tiere im Teich lassen sich gut aus der Froschperspektive, z. B. auf einer Luftmatratze liegend, mit ganz wenig Fischfutter ködern. Für Frösche und Libellen werden noch mehr Insekten ans Wasser gelockt, wenn man etwas **Käse, Fisch oder Fleisch** auf eine verankerte Styroporplatte gibt. Ein wahres Tischleindeckdich sind oft dichte **Pflanzentuffs**, wie z. B. die bekannte, aber unbeliebte Brennessel, die über 100 Tierarten Nahrung und manchen auch Logis bietet: vor allem Insekten, insbesondere Käfer (Marienkäfer), Schmetterlingsraupen, Blattwanzen, Zikaden, Spinnen, Asseln und Schnecken. Manche sind in ihrem Jugendstadium auf Brennesseln angewiesen (20 Schmetterlingsarten, z. B. der kleine Fuchs und das Tagpfauenauge), oder sie verbringen ihr ganzes Leben auf der Pflanze. Skorpions- und Raubfliegen, Raubwanzen, Ohrwürmer und Grillen frönen genauso wie die Marienkäfer und ihre Larven dort der Jagd.

Stets auf der Hut: die Vierflecklibelle

So fressen Marienkäfer über 80 Blatt- oder Schildläuse oder Milben am Tag, und ihre Larven schaffen immerhin noch 30 Stück.
Bei uns gibt es etwa 80 verschiedene Marienkäferarten in den Farben Rot, Gelb oder Schwarz mit unterschiedlich vielen Punkten. Faßt man sie an, hinterlassen sie auf der Hand in ihrer Not eine orangefarbene, streng riechende Flüssigkeit (Reflexbluten genannt).
Brennesseln sind nicht nur für Tiere, sondern auch für uns eine gesunde Nahrungs- und Heilpflanze. Sie lassen sich trotz ihrer Ausbrei-

Hochinteressant sind „fleischfressende“ Pflanzen wie der Wasserschlauch *Utricularia vulgaris*.

TIP: Hält man einen aufgespannten Schirm (mit der Spitze nach unten) unter Pflanzen oder legt man ein weißes Tuch um das Grün und klopft mit einem Stock dagegen, so wird man erstaunlich viele Tiere darin finden.

Grasfroschhochzeit im zeitigen Frühjahr

tungsfreudigkeit gut im Zaum halten. Man pflanzt sie in ein Gefäß, deren Wände als Rhizomsperre dienen. Eine bekannte und beliebte Möglichkeit ist die **Winterfütterung der Vögel**. Das Versorgen einer bunten Vogelschar während strenger Wintermonate ist nicht unumstritten. Aber es stellt für viele Menschen die einzige Möglichkeit dar, mit den gefiederten Kostgängern Kontakt zu pflegen. Besonders Kinder und Jugendliche, aber auch ältere Leute empfinden die Fütterung als ausgesprochene Bereicherung ihres Alltags, und die hiergebliebenen Vögel genießen dieses Zubrot sichtlich. Folgendes gilt es aber zu beachten, um nicht mehr zu schaden als zu nutzen:

► Beginn und Ende der Fütterung richten sich nach dem Wetter. Nur bei Dauerfrost und geschlossener Schneedecke wird gefüttert. Nie in die Brutzeit hinein weiterfüttern!

► Die Futterstelle ist stets sauber zu halten und nach der Saison zu desinfizieren.

► Das Futterhaus oder der -spender müssen raubzeug- und katzensicher, aber auch windgeschützt aufgestellt werden. Futterstelle evtl. mit Maschendrahtzaun großräumig sichern.

► Futter nicht direkt auf den blanken Boden streuen. Besser in eine seitlich gedrehte Kiste, die geschützt und katzensicher steht.

► Ist der Vogelbestand sehr dicht, heißt es mehrere Futterstellen mit unterschiedlichem Futter aufstellen.

► Das Futter muß stets trocken bleiben.

► Nur artgerecht füttern. Nie Speisereste! Für Körnerfresser eine gute Sämereienmischung (aus neuer Ernte) und Beeren. Am besten sind natürlich reich tragende Beerensträucher im Garten und die stehengelassenen Samenstände vieler Wildstauden. Weichfresser brauchen Spezialfutter. Kleingeschnittenes Obst und getrocknete Insekten vervollständigen das Angebot. Für Spechte etc. eine ungesalzene Speckschwarte aufhängen. Meisenknödel und Ringe dürfen nie ranzig riechen.

► Noch wichtiger als Futter ist Wasser. Am Teich bleibt um Pflanzenstengel herum meistens eine Spalte frostfrei. Ansonsten muß man mehrmals täglich frisches Wasser am Vogelhaus anbieten.

Streifenwanze *Graphosoma lineatum* zeigt Warnfarben.

Altweibersommer am Teich

DIE VIER JAHRESZEITEN

Über das Jahr gesehen ist unser Wassergarten ständigen Veränderungen unterworfen, und Monat für Monat läßt sich ein anderes Szenario genießen. Schon zeitig im **Frühjahr** lacht der Specht, und die Vögel besetzen langsam Reviere und begrüßen den Frühling mit Gezwitscher und Gesang. Werden die Tage länger und steigen die Temperaturen, regt sich das Leben. Die Amphibienhochzeit setzt ein. Mit dem ersten satten Grün und leuchtenden Blüten folgt auf die Balz die Brut. Es gibt auch von Tag zu Tag mehr Nahrung im Garten. Die meisten Tiere lassen sich am frühen Morgen beobachten, wenn sie noch etwas „klamm" sind.
Die schönste Zeit des Jahres schließt nahtlos an, und jeder Tag überrascht uns mit prallem Leben. Es grünt und blüht, und es zeigt sich die **sommerliche** Flora und Fauna. Im Teich ist jetzt die Zeit der Entwicklung und des Werdens angebrochen. Aus Kaulquappen (zuerst wachsen ihnen die Hinterbeine) werden Frösche, aus Molchlarven (bei ihnen wachsen zuerst die Vorderfüße) oder Libellenlarven werden nun Landtiere. Auf und an Blüten und Blättern zeigen sich die wahren Wunder der Natur.
Bis weit in den **Herbst** hinein gibt es immer etwas Neues zu schauen und zu bestaunen. Dann, wenn sich die Natur wieder etwas zurückzieht und die bunten Blätter fallen, kühlt das Wasser wieder ab und vieles, was uns bis jetzt erfreute, zieht sich in die Winterquartiere zurück. Bei den nun nötigen Pflegearbeiten stößt man (auch im Teichschlamm) auf vieles, was sich sehen lassen kann.
Und Wasser testen ist spannend und wichtig zugleich. Die meisten Wasserpflanzen haben nun Winterknospen entwickelt, die, wie viele Tiere auch, auf dem Grund des Teiches den Winter überdauern. Andere, wie der Zungenhahnenfuß, die Teichmummel oder der Wasserstern, produzieren auch unter dem Eis den lebenswichtigen Sauerstoff für die Tiere.
Nicht einmal im **Winter,** wo alles unter Schnee und Eis den Energieverbrauch senkt und dem Frühjahr entgegensieht, ist es im Garten langweilig (siehe Vogelfütterung). Nun ist die Zeit der Eisblumen und der Spurenlese gekommen. Denn viele Heimlichtuer verraten sich jetzt durch ihre Spuren im Schnee. Aber auch der Blick auf die schwellenden Knospen unserer Bäume und Winterblüher läßt uns noch manche schöne Stunde im winterlichen Garten genießen.

Beredte Spuren auf dem zugeschneiten Teich

BÜCHERTIPS

Kosmos Verlag, Stuttgart:
Aichele, D. u. Schwegler, H.-W.: Unsere Moos- und Farnpflanzen. 10. Aufl. 1993.
Aichele, D. u. Golte-Bechtle, M.: Was blüht denn da? 1996.
Baehr, B. u. M.: Welche Spinne ist das? 1987.
Beck, P.: Die schönsten Miniwassergärten. 1997.
Beck, P.: Steingärten, Trockenmauern und Tröge. 1998.
Bellmann, H.: Bienen, Wespen, Ameisen. 1995.
Bellmann, H.: Kosmos-Atlas Spinnentiere Europas. 1997.
Brünner, G.: Pflanzen für den Wassergarten. 1993.
Bruun, B. u. Delin H. u. Svensson, L.: Der Kosmos Vogelführer. 10. Aufl. 1993.
Engelhardt, W.: Was lebt in Tümpel Bach und Weiher? 1993.
Frieling, H. u. Barthel P.H.: Das neue „Was fliegt denn da?" 27. Aufl. 1997.
Gerstmeier, R.: Welcher Schmetterling ist das? 1988.
Harde, K.W. u. Severa, F.: Der Kosmos Käferführer. 3. Aufl. 1988.
Helberg, T.: Wassergärten. 1995.
Laux, H.E.: Pflanzen am Wasser. 1994.
Neumeier, M.: Igel in unserem Garten. 1996.
Nöllert, A. u. Ch.: Die Amphibien Europas. 1992.
Rogner, M.: Treffpunkt Gartenteich. 1989.
Schimana, W.: Wassergärten. 1993.
Singer, D.: Vögel in Park und Garten. 1993.
Singer, D.: Vogeltreffpunkt Futterhaus. 1987.
Specht, R.: Vögel rund ums Haus. 1995.
Stichmann-Marny, U. u. Kretzschmar, E.: Der neue Kosmos Tierführer. 1998.
Stichmann-Marny, U. und Kretzschmar, E.: Der Neue Kosmos Tier- und Pflanzenführer. 1997.
Zahradnik, J.: Der Kosmos Insektenführer. 1980.

Beck, P.: Der optimale Gartenteich. Aquadocumenta, Bielefeld 1988.

REGISTER

IMPRESSUM

Umschlaggestaltung: Atelier Reichert, Stuttgart.
Umschlagvorderseite: Foto von Dr. Hugo Herkner; Farbillustration von Marianne Golte-Bechtle, Stuttgart.
Umschlagrückseite: Foto rechts von Peter Zeininger (Rotkehlchen). Foto links von Peter Beck (*Iris sibirica*).
Klappe außen: Großes Foto von Peter Beck (Gauklerblume); Autorenfoto von Michael Prasuhn, Bielefeld.
Klappe innen: Alle fünf Fotos von Peter Beck.

Mit 141 Farbfotos und 1 Farbillustration.

Die Deutsche Bibliothek – CIP-Einheitsaufnahme

Treffpunkt Wassergarten : Tiere anlocken, beobachten und bestimmen / Peter Beck. – Stuttgart : Kosmos, 1999
ISBN 3-440-07608-3

ISBN 3-440-07608-3
Lektorat: Christiane Theis
Grundlayout: Atelier Reichert, Stuttgart
Gestaltung: Gisela Dürr, München
Satz: Atelier Krohmer, Dettingen/Erms
Printed in Germany/Imprimé en Allemagne
Druck und Buchbinder: Westermann Druck Zwickau GmbH, Zwickau

BILDNACHWEIS

Mit 131 Farbfotos von: Karl Albert Frickhinger, Emmering (S. 10 M, 10 u, 22, 24 u, 25 o, 28 o, 29 o, 36 Mre, 36 uli, 37 uli, 53 u, 58 u); Dr. Hugo Herkner, München (S. 1 li, 2 u, 23 li, 23 ore, 25 u, 26 u, 28 u, 40 uli); Manfred Höfer, Weitefeld (S. 8 oli); Rudolf König, Kiel (S. 29 u, 31 ure, 32 ure, 36 oli, 37 ore, 37 Mre, 39 u, 40 oli, 46 li, 49 o, Ralf Roppelt, Sahara- Werbeagentur, Stuttgart (S. 54, 55 Lupe); Peter Zeininger, Lohof (S. 1 re, 7 o, 20, 26 o, 27 re, 31 ore, 32 o, 40 Mre, 41 beide, 42 uli, 42 ure, 43 beide, 44 o, 45 Mli, 46 re, 47 u, 48 oli, 48 ore, 49 u, 50 u, 53 o); alle übrigen von Peter Beck, Stuttgart.

Autor und Verlag danken Dr. Hugo Herkner, München, und Dr. Rudolf König, Kiel, für die freundliche Unterstützung.

Extra

WERTVOLLE FUTTERPFLANZEN

Schön fürs Auge, wichtig für Tiere!

SUMPFZONE

Fieberklee
Sumpfkalla
Wasserminze

TEICHUFER

Blutweiderich
Gemeiner Wasserdost
Mimulus in Sorten
Sumpfjohanniskraut

TEICHANSCHLUSSZONE

Beinwell
Gemeiner Dost
Hornklee
Lungenkraut
Prachtscharte
Scharbockskraut
Weidenröschen

FEUCHTWIESE

Wiesenschaumkraut

BLUMENWIESE

Flockenblumen
Kleiner Baldrian
Margeriten
Nelken
Salbei
Schafgarbe
Schlüsselblumen
Wiesenbärenklau
Wilde Karde
Wilde Möhre

Rudbeckia purpurea: unwiderstehlich für Insekten

TROCKENRASEN

Disteln
Ginster
Lavendel
Frühlingsadonis
Ginster
Große Fetthenne
Herbstastern
Leinkraut
Mauerpfeffer
Seifenkraut
Steinkraut
Thymian

HEIDEFLÄCHE

Ginster
Natternkopf

ALPINUM

Alant
Alpensteinquendel
Blaukissen
Dachwurz
Flockenblumen

TROCKENMAUER

Blaukissen
Dachwurz
Hufeisenklee
Mauerpfeffer
Seifenkraut
Thymian

Extra

UNTER BÄUMEN

Buschwindröschen
Frühlingskrokus
Leberblümchen
Narzissen

RABATTE

Goldrute
Johanniskraut
Judaspfennig
Moschusmalve
Nachtkerzen
Ringelblume
Rittersporn
Rudbeckien
Sonnenhut in Sorten
Traubenskabiose

KRÄUTERSPIRALE

Lavendel
Salbei
Thymian
Wilder Majoran
Ysop

GARTENBEGRENZUNG

Goldrute
Nachtkerzen
Weidenröschen

SOLITÄRGEHÖLZE

Buddleja
Eßbare Eberesche
Kornelkirsche
Mehlbeere
Obstbäume
Pfaffenhütchen
Weiden
Wildapfel

GEHÖLZE FÜR HECKEN

Berberitze
Buddleja
Echte Mispel
Hasel
Heckenkirsche
Holunder
Pfaffenhütchen
Schlehe
Schneeball
Stechpalme
Vogelbeere
Vogelkirsche
Weiden
Weißdorn
Wildbirne
Wildrosen
Zierquitte

ZUM UNTERPFLANZEN

Zwergmispel

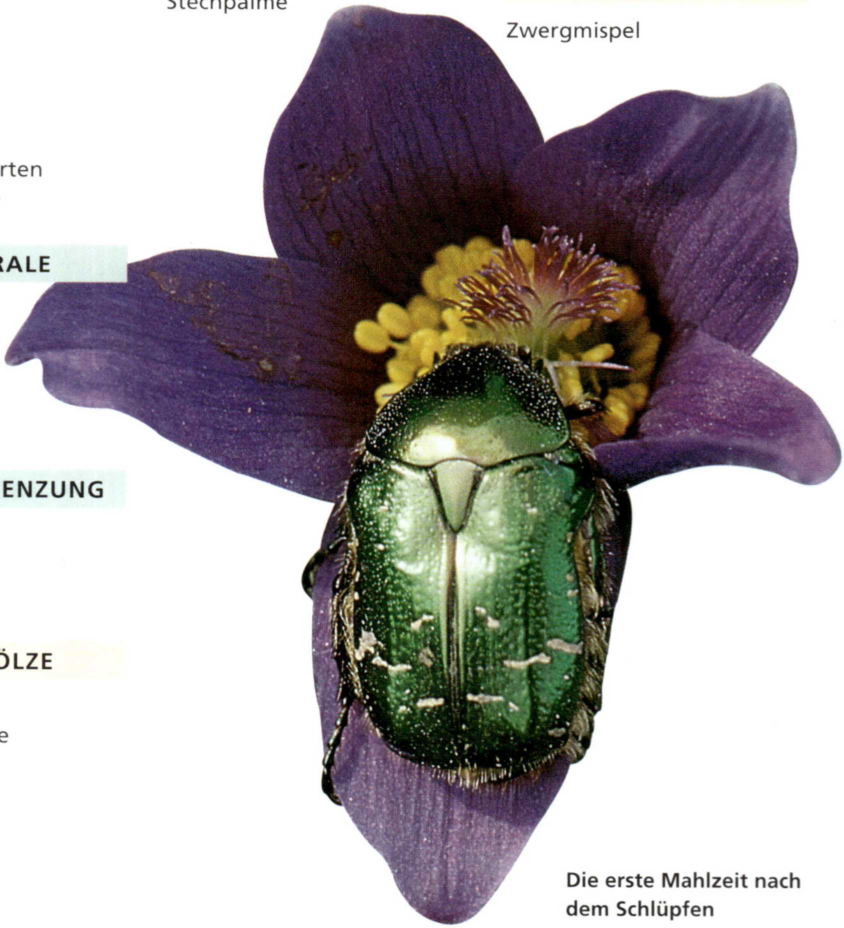

Die erste Mahlzeit nach dem Schlüpfen